Aus Natur und Geisteswelt
Sammlung wissenschaftlich=gemeinverständlicher Darstellungen
319. Bändchen

Die Amerikaner

Von

Nicholas Murray Butler
Präsident der Columbia=Universität in New York

Deutsche, durch Auszüge aus den Werken von
A Hamilton, A. Lincoln und R. W. Emerson
vermehrte Ausgabe besorgt von

Prof. Dr. Wilhelm Paszkowski

Druck und Verlag von B. G. Teubner in Leipzig 1910

Inhaltsverzeichnis.

Vorwort des Verfassers.

Dies Büchlein enthält drei Vorträge, die auf Einladung des Rektors und der Fakultäten der Universität in Kopenhagen, September 1908, gehalten wurden.

Es ist nicht leicht, unparteiisch von den Einrichtungen und der Kultur seines eigenen Landes zu sprechen. Der glühendste Patriot sieht, daß viele Dinge besser sein könnten; der schärfste Kritiker fühlt, daß viele Dinge außerordentlich gut sind. Nur der Historiker der Zukunft kann zwischen den schwachen und starken Seiten des Lebens eines Volkes richtig abwägen. Meine Aufgabe war weniger ehrgeizig und weniger schwierig: Ich sollte, so gut ich es vermochte der Einladung einer Schwesteruniversität folgen, die reich an Jahren und Erfolgen im Dienste der Wissenschaft und Gelehrsamkeit ist, um einige Züge amerikanischen Lebens zu zeichnen und in großen Umrissen ein Bild jenes Teiles der heutigen Kultur zu entwerfen, welchen die Welt als amerikanisch kennt.

Um die Regierung, das Geistesleben und die Moral des Volkes der Vereinigten Staaten wirklich zu verstehen, muß man gründlich die Schriften und Reden von drei Amerikanern kennen, — von Alexander Hamilton, Abraham Lincoln und Ralph Waldo Emerson.

Columbia-Universität, 20 Oktober 1908.

Nicholas Murray Butler.

Vorwort des Bearbeiters der deutschen Ausgabe.

Bei dem regen geistigen Austausch zwischen Deutschland und den Vereinigten Staaten, um den Präsident Nicholas Murray Butler als eifriger Förderer und Mitbegründer des Professorenaustausches zwischen Berlin und den amerikanischen Universitäten sich sehr verdient gemacht hat, wird es für weitere Kreise von Interesse sein, aus der Feder dieses Mannes über Einrichtungen und Kultur der Amerikaner zu hören. Können doch diese Vorträge an ihrem Teil mit dazu beitragen, in unserem Lande eine richtige Vorstellung von „dem Amerikaner" zu geben. Auf Wunsch des Verlegers wurde die vorliegende deutsche Ausgabe um Ausschnitte aus den Werken Alexander Hamiltons, Abraham Lincolns und Ralph Waldo Emersons vermehrt, wozu das Vorwort des Verfassers die Anregung gab. Die Ausschnitte sind von Präsident Butler selbst ausgewählt worden.

An der Übersetzung waren beteiligt Herr Dr. R. Böhme und Fräulein E. Süersen, denen ich zu Dank verpflichtet bin; nicht minder schulde ich Herrn Gunther Thomas Dank, der die Güte hatte, einige Schwierigkeiten bei der Übersetzung aufzuhellen.

Berlin, im Juli 1910.

Prof. Dr. W. Paszkowski.

I.

Der Amerikaner als politisches Wesen.

Der Geist einer Regierung ist in Wahrheit das,
worauf man sich zur Erreichung dauernder Wirkungen
wirklich verlassen kann. Einzelbestimmungen haben, obwohl sie nicht ganz nutzlos sind, doch sehr viel weniger
Wert und Kraft, als ihnen im allgemeinen zugeschrieben
wird. Ihr Mangel wird daher bei Männern mit gesunder
Urteilskraft niemals ein maßgebender Einwand sein
gegen einen Plan, der die Hauptmerkmale einer guten
Regierung aufweist.   Alexander Hamilton

Die eindrucksvollste Tatsache im amerikanischen Leben ist die
wesentliche Übereinstimmung der Ansichten über die Grundfragen
der Regierung und der Lebensführung. Und dies bei einer so
ungeheueren Bevölkerung, die sich auf ein so weites Gebiet verteilt, der mannigfaltigsten Abstammung ist und unter den verschiedensten Bedingungen lebt. Es gibt eine typisch amerikanische
Denkweise, die kompliziert, nicht einfach ist, und die trotz indivi-
dueller Verschiedenheiten, welche Lebensbedingungen, Erziehung,
Beschäftigung und Klima mit sich gebracht haben, überall erkennbar
ist. Diese Übereinstimmung bei so viel Verschiedenheit ist an sich
eine höchst bemerkenswerte Tatsache, und es ist wichtig, die Ursachen zu kennen, die sie hervorgebracht haben.

Fortbestehen des angelsächsischen Einflusses. Die erste und
hauptsächlichste Ursache ist das ungeschwächte Fortbestehen des
angelsächsischen Einflusses, unter dem die Vereinigten Staaten von
Amerika entstanden sind. Der Ursprung dieses Einflusses geht zurück
auf die charakteristischen Eigenschaften und Eigentümlichkeiten der
Teutonen, welche Tacitus in seiner 'Germania' so treffend mit
den Worten kennzeichnet: 'propriam et sinceram et tantum sui
similem gentem.' Im nördlichen Europa, zwischen Weichsel und Rhein,
entstand vor etwa 2000 Jahren dieser Einfluß, durch welchen schließlich auf dem nordamerikanischen Festlande eine große Nation geschaffen wurde. Er wuchs an Stärke, indem er sich im Kampf ent-
wickelte und sich in Einrichtungen, örtlichen wie nationalen, aus-
drückte. In England zog er dänische, normannische und fränkische
Elemente an sich und verwob sie alle zu einem Ganzen. In der

ganzen englischen Geschichte wirkte er weiter.   Zeitweilig zurück-
gedrängt, aber niemals besiegt, schuf er endlich die parlamentarische
Regierung, steckte der einst absoluten Monarchie Grenzen, arbeitete
ein gewaltiges Rechtssystem aus, um die Handlungen der
Menschen untereinander zu regeln.   Er schuf die Grundlagen für ein volkswirtschaftliches und gewerbliches System, in
welchem persönlicher Tüchtigkeit jede Möglichkeit zur Entfaltung
gegeben war, und in dem die Erfolge persönlicher Tüchtigkeit
geschützt wurden.   Er unterschied Freiheit von Zügellosigkeit,
schärfte den Blick für Recht und Sitte und verschaffte dem Grundsatz der Gerechtigkeit vor dem der Macht den Vorzug

In Amerika schuf er die Grundlagen für eine Demokratie, auf
welche die feinsinnige Definition Pasteurs paßt.   „Die Demokratie", so sagte er, „ist die Staatsverfassung, die jeder einzelnen
Persönlichkeit gestattet, ihre Kräfte aufs höchste zu entfalten." Dieser
ursprünglich angelsächsische Einfluß findet seinen Ausdruck in dem
ersten Kolonialleben Amerikas, in dem Mayflower-Vertrag von
1620, wie in der Declaration of Rights von 1765, in der Declaration
of the Causes and Necessity of Taking up Arms 1775, in der
Declaration of Independence 1776, in der Anweisung für die Verwaltung der Nordweststaaten 1787, wie endlich in der Verfassung der
Vereinigten Staaten selbst   Dieser Einfluß besteht bis zum heutigen Tage fort und ist der allem zugrunde liegende und alles
leitende Faktor im amerikanischen Leben.   Er hat den Aufzug am
Webstuhl geliefert, durch den das Schiff der Zeit und der
wechselnden Geschicke die Fäden hindurchgeführt hat, welche die
amerikanische Geschichte bilden.

Trotz des großen irischen, deutschen, slawischen, italienischen,
skandinavischen und jüdischen Zuflusses zu der amerikanischen
Bevölkerung behauptet sich der angelsächsische Einfluß.   In
Amerika wiederholt er in größerem Maßstabe die Geschichte Englands und zieht neue Kraft und Unterstützung aus den anderen und
verschieden gearteten Nationalitäten, welche sich hier mit ihm
vereinigen.   Die englische Sprache gewinnt die Herrschaft über die
Muttersprache der Einwanderer, wenn nicht schon in der ersten
Generation, so sicher in der zweiten Das englische gemeine Recht mit
seinen gesetzmäßigen Verbesserungen und Zusätzen verdrängt wahrhaft
erstaunlich schnell die Lebens- und Verkehrsformen der Einwanderer.

Es würde schwer halten, unter einer einzigen Flagge so verschieden geartete Persönlichkeiten zu finden wie den gebildeten und

gewandten Städter an den Küsten des Atlantischen und Stillen
Ozeans, den gutmütigen Pflanzer des Südens, den ungebildeten und
schroffen Bergbewohner von Ost-Tennessee und den unsteten, unruhigen
Bewohner der Ebene. Aber gemeinsam ist ihnen allen die englische
Sprache, der Gerechtigkeitssinn, die Ehrlichkeit und die persönliche
Freiheit, welche die Grundlage des englischen gemeinen Rechts bilden.
Hier ist die erste und hauptsächlichste Ursache für die Einheit,
die den mannigfaltigen amerikanischen Typen zugrunde liegt.

Wirkung der Wanderungen im Lande selbst. Außer diesem vor-
herrschend angelsächsischen Einfluß wirkten noch andere bindende
und einigende Kräfte mehr als ein Jahrhundert lang in den Vereinigten Staaten. Eine der wichtigsten ist der beständige noch
fortdauernde Wandertrieb im Lande selbst, der die neueren Staaten
und Landesteile an den Grenzen der älteren geschaffen hat. Staaten
wie New York, Ohio, Virginia, Pennsylvania, Nord-Carolina und
Tennessee haben Hunderttausende der ehrgeizigsten ihrer jungen
Leute hinausgeschickt, um erst den mittleren Westen, dann die
Ebenen, endlich die Abhänge am Stillen Ozean zu besiedeln. Cali-
fornien, Texas, Kansas und Oklahoma sind bemerkenswerte Beispiele großer Gemeinwesen, die auf diese Weise entstanden sind.
Diese Wanderungen im Innern des Landes haben meistens von
Osten nach Westen stattgefunden. Massachusetts und Vermont
schickten ihre Pioniere nach dem westlichen New York und dem
nördlichen Ohio, diese schickten ihre Pioniere nach Illinois und
Jowa, und diese die ihrigen noch weiter westlich, meist auf denselben Breitengraden. Es ist nichts Ungewöhnliches in Amerika,
eine Familie zu finden, deren Großeltern in Neu-England oder
New York leben, deren Eltern im mittleren Westen, und deren
Kinder zum Teil oder alle in den Staaten der Felsengebirge,
in Oklahoma oder in Texas wohnen.

Die Volkszählung von 1900 zeigte, daß 21 % der gesamten ein-
heimischen Bevölkerung aus dem Staat oder dem Gebiet,
in dem sie geboren waren, ausgewandert waren und in anderen
Staaten oder Gebieten lebten. Es ist zweifelhaft, ob sich
eine ähnliche Erscheinung noch in irgendeinem anderen Lande
findet. Es ist klar, daß bei einem Volke, das sich auf ein so ausgedehn-
tes Gebiet wie das der Vereinigten Staaten verteilt, dieser Wandertrieb ein starkes Bindemittel bedeutet.

Einfluß der freiwilligen Organisationen. Einen großen Einfluß, durch den die weit zerstreuten Teile des Volkes geeint werden,

und die Entwicklung eines allgemeinen Nationalbewußtseins unter
dem amerikanischen Volke gefördert wird, üben ferner die zahl=
reichen wichtigen freiwilligen Organisationen der verschiedensten
Art aus, die in ihren Zielen und Absichten national sind. Die regel=
mäßigen Zusammenkünfte dieser verschiedenen freiwilligen Organi=
sationen vereinigen die Vertreter aller Teile des Landes. Durch
Gedankenaustausch, durch persönliche Freundschaften üben sie
nach vielen Richtungen hin einen Einfluß auf die öffentliche
Meinung aus, der oftmals im Augenblick kaum zu bemerken ist,
der aber mit zur Bildung eines Nationalbewußtseins und eines
allgemeinen nationalen Interesses beiträgt. Diese freiwilligen
Organisationen sind sehr zahlreich, die wichtigsten sind die Organi=
sationen, die Unterrichtszwecke verfolgen oder einen religiösen,
philanthropischen oder wissenschaftlichen Charakter haben. Aber
auch der Einfluß derer, die nur einen sozialen oder rein geselligen
Zweck verfolgen, ist zu groß und bedeutend, als daß man sie über=
sehen dürfte.

Organisationstalent findet sich unter den Amerikanern ziemlich all=
gemein. Das parlamentarische Verfahren ist bei ihnen hoch ent=
wickelt und wird im allgemeinen vom Volke verstanden. Ihre
freiwilligen Organisationen werden nach parlamentarischen Grund=
sätzen geleitet und bieten vielen, die später im öffentlichen Leben
an leitenden Stellen stehen, eine vortreffliche Schulung.

Die Presse. Die Amerikaner sind eifrige Zeitungsleser. Nirgendwo
gibt es so viele Zeitungen wie in den Vereinigten Staaten.
Von den heute in der ganzen Welt erscheinenden 60 000 Zeitungen
entfallen beinahe 20 000 auf die Vereinigten Staaten. Mehr als
16 000 von diesen erscheinen einmal wöchentlich. Und diese wöchent=
lich erscheinenden Blätter dringen bis in die entlegensten Hütten
und bringen in kurzen Umrissen Kunde von den Neuigkeiten der
Welt, dank der vorzüglich organisierten Preß=Vereinigungen und
Zeitungs=Syndikate. Diese wöchentlich erscheinenden Zeitungen
räumen in der Regel den Nachrichten rein sensationeller Art oder
der Chronik der Laster und Verbrechen nicht so viel Raum ein wie
die Tageszeitungen der großen Städte, deren hohe Auflagen von
Hunderttausenden begierig gelesen werden. Die besten und an=
ständigsten amerikanischen Zeitungen sind, mit einigen rühmlichen
Ausnahmen, in Städten von 50—250 000 Einwohnern zu finden.
Leider fehlen in einigen der größeren Städte Tageszeitungen,
die nach jeder Richtung hin anständig wären. In der Regel bringen

die amerikanischen Zeitungen verhältnismäßig ausführlich Nachrichten aus dem Auslande, so daß die Amerikaner über das Ausland im ganzen besser unterrichtet sind als die Ausländer über
Amerika.

Die Zeitungen tragen wirksam zur Bildung eines allgemeinen
Nationalbewußtseins bei, weil sie wirklich dem gesamten Volke
denselben Stoff zum Nachdenken darbieten. Ihre Leitartikel über
die Tagesfragen stammen in vielen Fällen aus der Feder sein gebildeter und taktvoller Männer und zeugen von vortrefflicher Kenntnis und gesundem Urteil.

Bedauerlicherweise gibt es in einigen großen Städten Tageszeitungen von ganz anderem Typus. Ihr Zweck ist, die Leute auszunutzen, entweder zu ihrem eigenen Vorteil oder zum politischen
Fortkommen ihrer Besitzer oder Herausgeber. Um das Volk auszunutzen, müssen diese Zeitungen sein Ohr gewinnen. Sie tun das,
erstens, indem sie sich an die niedrigen und gemeinen Gefühle und
Instinkte ihrer Leser wenden, wahre oder erfundene Nachrichten
bringen, die entweder den Kitzel einer ungesunden Neugier befriedigen oder Neid, Haß und Bosheit gegen die Hochgestellten und
Reichen säen; zweitens, indem sie sich den Anschein geben, als ob
sie der Allgemeinheit einen Dienst leisteten — und gelegentlich tun
sie es wirklich —, wenn es sich um ein Gesetz oder eine Verwaltungsmaßnahme handelt, die im öffentlichen Interesse vorgeschlagen
worden ist, aber bei einer bevorrechteten Person oder Gruppe auf
Widerstand stößt. Wenn nun die Herausgeber der Zeitungen sich
auf solche oder ähnliche Weise eine große Gemeinde gebildet haben,
so versuchen sie ihre Leser für ihre eigenen Interessen oder die ihres
Blattes auszunutzen. Manchmal haben sie Erfolg, aber nur vorübergehend. Eine solche Täuschung und solch selbstischer Mißbrauch der
Macht kann nicht auf die Dauer Erfolg haben.

Der Kritiker der amerikanischen Zeitung sollte sie nicht nach den
schlechtesten Beispielen beurteilen. Sie machen viel von sich reden,
sind aber nicht zahlreich. Im besten Falle, ja sogar im Durchschnitt
wird die amerikanische Zeitung nüchtern und mit Besonnenheit
geleitet, mit ausgeprägtem Verantwortlichkeitsgefühl gegenüber
einer Einrichtung, die in einem demokratischen Staat Macht zum
Guten oder zum Bösen hat. Auch sie ist ein einigendes Band von
höchster Wichtigkeit für die Nation.

Die politischen Parteien. Die beiden großen politischen Parteien,
die Republikaner und die Demokraten, wirken als verschmelzende

Kraft ersten Ranges. Nirgendwo sonst, außer vielleicht in Großbritannien, ist Anhänglichkeit an den Parteinamen und an das Parteisymbol so mächtig, wie in den Vereinigten Staaten. Eine Partei kann völlig ihre Grundsätze und ihren Standpunkt ändern, wie z. B. die demokratische Partei seit der Kandidatur Tildens 1876 und Clevelands 1884, 1888 und 1892 es getan hat, und dennoch hört die große Masse der Demokraten nicht auf, Jahr für Jahr dem alten Namen und dem alten Symbol zu folgen, trotz der veränderten Führerschaft und des veränderten Programms. Diese Tatsache deutet darauf hin, daß in den Vereinigten Staaten Parteizugehörigkeit und Parteitreue oft mehr eine Sache des Gefühls und der Zusammengehörigkeit sind als der politischen Überzeugung; und das ist tatsächlich der Fall. Zwei Männer, die über die meisten politischen Fragen ganz einig sind, werden so aus Gewohnheit und Verschiedenheit des Temperaments häufig für entgegengesetzte Kandidaten und politische Richtungen stimmen.

Unter zehn Wählern gibt es vielleicht einen — in manchen Staaten schon unter fünf Wählern einen —, der sich von aller Parteizugehörigkeit fernhält und jedes Jahr stimmt, wie sein Urteil in dem Augenblick ihm vorschreibt. Sie bilden das sogenannte unabhängige Votum, und da ihre Stimmen oft bei einer Wahl ausschlaggebend sind, so wird ihr Beistand von den Parteiführern sehr gesucht, weit mehr, als diese eingestehen wollen.

Trotzdem haben die Parteiorganisationen große Macht und sind seit kurzem in den Verordnungen der einzelnen Staaten betreffend Regelung und Aufsicht über die Wahlen und Wahlvorbereitungen gesetzlich allgemein anerkannt worden. Die Mitglieder einer bestimmten Parteiorganisation verbindet Interesse und Sympathie aufs engste, gleichviel wie weit entfernt voneinander sie wohnen. Ein hervorragender Demokrat aus Texas ist bei seinen Parteigenossen in New York oder Massachusetts ein gern gesehener Gast, einen bekannten Republikaner aus Maine begrüßen die Republikaner in Illinois oder California wie einen alten und geschätzten Freund.

Die großen Nationalversammlungen der beiden Parteien, die alle vier Jahre einmal stattfinden, um die Kandidaten für die Wahl des Präsidenten und Vizepräsidenten vorzuschlagen und um eine Darlegung der Grundsätze — oder platform, wie sie genannt werden — entgegenzunehmen, sind die charakteristischsten Versammlungen in der amerikanischen Politik In der Verfassung und den Gesetzen steht von ihnen gar nichts, und ihr Vorhandensein und ihre Bedeutung zeigen sehr gut die Fähigkeit des Amerikaners, sich selbst und seine Einrichtungen veränderten Verhältnissen und Bedingungen anzupassen. Nach dem Wortlaut der Verfassung sollen der Präsident und der Vizepräsident nicht von der großen Masse der Wähler erwählt werden, sondern von Wahlmännern, die von den Wählern der verschiedenen Staaten gewählt werden. Die Verfassung ging von der Annahme aus, daß diese Wahlmänner nach reiflicher Überlegung die Persönlichkeiten zu Präsidenten und Vizepräsidenten auswählen würden, die nach ihrer Ansicht sich zu diesen hohen Ämtern am besten eigneten. Als aber nach der Zeit Andrew Jacksons (1828 bis 1836) sich die Präsidentschaft zu der Bedeutung in der Politik Amerikas entwickelt hatte, die sie seitdem hat, wurde von der großen Masse der Wähler, um die Wahl der Parteikandidaten zu überwachen, das System der nationalen Nominationskonvente[1]) eingerichtet, die sich aus gewählten Vertretern der betreffenden Parteien in den Einzelstaaten zusammensetzen. Die Wahl des Partei-Nominationskonvents wurde dann moralisch verbindlich für die von jener Partei erwählten Wahlmänner. Auf diese Weise wurden die Wahlmänner — das Electoral College, wie sie alle zusammen genannt werden — der ihnen verfassungsmäßig zustehenden Aufgabe enthoben, und sie üben jetzt nur ganz mechanisch den Willen der Partei aus, zu der sie gehören. Es ist wahrscheinlich, daß in wenigen Jahren genau derselbe Vorgang sich bei der Wahl der Senatoren der Vereinigten Staaten abspielen wird. Die Senatoren werden heute von den Legislaturen der Einzelstaaten gewählt, wie es die Verfassung vorschreibt. Aber schon beanspruchen Staatsversammlungen der von den Urwählern entsandten Delegierten das Recht, der Legislatur einen Parteikandidaten als Senator vorzuschreiben, und es wird zweifellos nicht lange dauern, bis auch die legislativen Körperschaften oder die meisten von ihnen bei der Wahl der Senatoren genau so mechanisch zu Werke gehen, wie das Electoral College schon jetzt es tut.

Es ist daher ganz klar, daß sowohl in bezug auf die Wahl des Präsidenten und des Vizepräsidenten als auch in bezug auf die Wahl der Senatoren das Volk durch die Parteien und Parteiorganisationen ohne formale Änderung die Bestimmungen der Verfassung geändert hat und noch ändert, so daß bei der Wahl dieser hohen Beamten dem Willen des Volkes so direkt wie nur möglich entsprochen wird.

---

1) = Delegiertentagungen.

Ferner haben die Parteien und Parteieinrichtungen eine wesentliche
Einheitlichkeit in der Behandlung politischer Angelegenheiten in allen
Teilen des Landes zustande gebracht. Sogar ein rein gesetzlicher An-
trag, dessen Grundgedanke von einer zurzeit führenden Partei unterstützt wird, wird wahrscheinlich in ziemlich derselben Form und Sprache
in den Gesetzesbüchern verschiedener Staaten erscheinen. Seitdem
die Parteiorganisationen nicht nur zur Zeit der Wahlen, sondern
ständig wirksam sind, ist es unverkennbar, daß ihr Anteil an der Entwicklung eines allgemeinen Nationalbewußtseins ungemein wichtig ist.

Die Regierung als Einheit schaffende Macht. Die Regierung der
Vereinigten Staaten, wie sie durch die Verfassung festgesetzt ist,
und die fortschreitende Entwicklung des politischen Nationalbewußtseins, die unter ihr stattgefunden hat, haben beständig seit mehr als
einem Jahrhundert an dem Entstehen und Erstarken eines allgemeinen Nationaltypus und eines allgemeinen nationalen Stand-
punkts mitgewirkt. Jede Verwendung von Geld durch den Kongreß,
sei es zum Bau eines öffentlichen Gebäudes in einer großen oder
kleineren Stadt, zur Verbesserung eines Flusses oder Hafens für
Schiffahrtszwecke, zur Ausdehnung des Postverkehrs auf Land-
bezirke, zur Bewässerung dürrer Gebiete im Westen und Südwesten
oder für die gemeinnützige Tätigkeit der Landwirtschaftsabteilung ver-
anlaßt den direkt beteiligten oder begünstigten Teil sich noch mehr auf
die Gesamtheit zu verlassen. Die Umstände haben in den Vereinigten
Staaten eine viel festere, viel einheitlichere und weit zentralisiertere
Nation gebildet, als bei Begründung der Verfassung möglich schien.

Die Umstände, welche dahin gewirkt haben, sind zu einem nicht
geringen Teil politischer, aber zum großen Teil wirtschaftlicher Art
gewesen. Wie Professor Burgeß[1]) so überzeugend bewiesen hat,
ist die persönliche Freiheit eines Bürgers der Vereinigten Staaten
national in ihrem Ursprung, Umfang und ihrer Bestätigung. Man
mag sich in erster Linie für einen Rhode Isländer, Virginier
oder Californier halten und erst dann für einen Amerikaner. Wer
aber ernstlich über seine bürgerliche Freiheit nachdenkt, ihre Bürgschaften und ihren Verteidiger, wird einsehen, daß er in erster Linie
ein Bürger der Vereinigten Staaten, und daß die Verfassung
der Vereinigten Staaten sein letzter Schutz ist. Diese politische Tatsache gibt der Verfassung solch eine überragende Wichtigkeit. Wenn
die Verfassung der Vereinigten Staaten, wie die Verfassung Frank-

---

1) Burgess, Political Science and Constitutional Law (1890).
I, 184 ff.

reichs, bloß eine Regierung eingesetzt und den einzelnen Abteilungen
Anweisungen gegeben hätte, so würde sie ein weit weniger lebens=
fähiges Dokument sein, als sie es in Wirklichkeit ist. Aber die Ver=
fassung der Vereinigten Staaten hat nicht nur eine Regierung ge=
schaffen und den einzelnen Abteilungen ihre Tätigkeit vorgeschrieben,
sie läßt auch der bürgerlichen Freiheit ein weites Feld und schützt
die Persönlichkeit jedes einzelnen Bürgers nicht allein gegen eine
Verletzung seiner Rechte durch eine andere Persönlichkeit, sondern auch
durch die Regierung selbst. Das ist der eine charakteristische Punkt,
in welchem die Verfassung der Vereinigten Staaten allen anderen
Verfassungen überlegen ist. Das ist auch das Charakteristische, wo=
durch sie einem europäischen Forscher oder Kritiker so schwer ver=
ständlich wird. Der englische Schriftsteller Walter Bagehot klagte
darüber, daß er gar nicht entdecken könne, wo in der Regierung der
Vereinigten Staaten die Oberherrschaft steckt. Er konnte die Ober=
herrschaft in der amerikanischen Regierung nicht finden aus dem
einfachen Grunde, weil sie überhaupt nicht darin ist. Der Präsident
ist kein Herrscher, der Kongreß kein Herrscher, das Gerichtswesen
kein Herrscher, alle drei zusammen sind keine Herrscher; ihre Macht=
vollkommenheiten, ihre Pflichten sind ihnen von der Verfassung
vorgeschrieben. Von den 46 Staaten, welche heute die Vereinigten
Staaten bilden, ist nicht einer Herrscher; sie alle unterstehen der Ver=
fassung der Vereinigten Staaten, den durch sie bestimmten Gesetzen
und den durch sie abgeschlossenen Verträgen. Die Oberherrschaft
ist nicht in oder unter der Verfassung zu finden, sondern hinter ihr.
Sie steht dem Volke der Vereinigten Staaten zu, das die Ver=
fassung annahm, durch Delegiertenversammlungen in den Einzel=
staaten seinen Willen kundgibt, und welches die Verfassung, wenn
es will, ändern und verbessern kann, und zwar auf eine Weise, die
es selbst in der Verfassung vorgesehen hat. Mit anderen Worten:
die Regierung der Vereinigten Staaten stellt dar und kontrolliert nur
einen Teil der politischen Betätigung des Volkes. In das große Gebiet
der bürgerlichen Freiheit einer Persönlichkeit darf sie nicht eindringen,
und dieses Gebiet ist das wichtigste Element im heutigen Leben
der Vereinigten Staaten. Daraus erklärt sich, warum so viele der
Höchsten und Gebildetsten und hervorragende Talente außerhalb
der Regierung gefunden werden. Die Führer im Erziehungs=
und Unterrichtswesen, im Gerichts=, im Zeitungs= und Zeit=
schriftenwesen, im Finanz= und Handelswesen und der Industrie,
nicht die augenblicklichen Regierungsbeamten, sind die wichtigsten

und einflußreichsten Kräfte im amerikanischen Leben. Nur gelegentlich treten hochangesehene, geistig und sittlich hochstehende Männer,
wie der Staatssekretär Root oder der verstorbene Gouverneur von
Massachusetts, Russell, oder einige wenige der führenden Mitglieder
des Senates oder des Repräsentantenhauses in den Dienst der Regierung und bleiben darin. Für diese bedauerliche Tatsache gibt es
viele Gründe. Sie soll jetzt nur erwähnt werden, um nachdrücklichst
zu betonen, daß in Amerika die Wörter »governmental« und »public«
nicht miteinander verwechselt werden dürfen. In Amerika sind viele
Unternehmungen, manche Bewegungen, viele Männer im wahren
Sinne des Wortes »public«, dadurch daß sie das Volk vertreten und
sich auf seinen Willen stützen, ohne aber direkt mit der Regierung
(government) in irgendwelchen Beziehungen zu stehen.

So groß daher der bindende und einende Einfluß der Regierung
der Vereinigten Staaten, ihrer Politik und ihrer Tätigkeit ist, die
bindenden und Einheit schaffenden Kräfte und Einflüsse außerhalb
der Regierung sind noch viel zahlreicher und mächtiger. Sie liegen
auf dem Gebiete des Erziehungswesens, auf wirtschaftlichem und
sozialem Gebiet, und sie sind unaufhörlich und unermüdlich am Werke.

Die wirtschaftlichen Kräfte und das Volksleben. Die Bestimmung
der Verfassung, durch die der Kongreß befugt wird, „die Handels-
beziehungen mit anderen Nationen, unter den einzelnen Staaten
und mit den Indianerstämmen zu regeln", hat es der ganzen ungeheuren wirtschaftlichen und industriellen Entwicklung des 19. Jahrhunderts möglich gemacht, direkt an dem Zusammenschluß und der
Einigkeit des amerikanischen Volkes zu arbeiten. Erst Wasserkraft,
dann Dampf, dann Elektrizität; erst Verkehrswege, dann Kanäle,
dann Eisenbahnen; erst einzelne Fabrikanten und Händler, dann
Gesellschaften, dann große Korporationen haben einen industriellen
Aufschwung und einen Wohlstand hervorgerufen, wie ihn vordem die Welt noch niemals gesehen hat. Die Statistiken über
landwirtschaftliche Erzeugnisse, über die Industrie und das Trans-
portwesen weisen jetzt Zahlen auf, die wirklich erstaunlich
sind. Der Handel der einzelnen Staaten untereinander hat einen
ungeheuren Umfang angenommen. Die Schiffsladungen, welche
Sault Ste. Marie, den Detroitfluß passieren oder im Hafen von
Buffalo eingehen, kommen denen der Häfen in London, Liverpool
oder Hamburg gleich oder übersteigen sie noch. Die Anwendung
der Wissenschaft auf Landwirtschaft und Bergbau vermehrt
beständig die Abkehr von den natürlichen Hilfsquellen. Gründliches

Studium der technischen und finanziellen Probleme, die mit dem Transport zusammenhängen, verringert die Kosten und vermehrt die Sicherheit für den Transport der Waren von einem Teil des Landes zu einem anderen. Die Löhne sind sowohl relativ als auch absolut gestiegen. Der Schutzzoll hat, trotz der gerechten Kritik, die gegen einige Punkte gerichtet werden kann, im ganzen eine gute Wirkung ausgeübt auf die Bildung und die Verschiedenartigkeit industrieller Unternehmungen, auf die Lohnsteigerung und Dauer der Anstellungen und auf eine sichere Verzinsung des in neue Unternehmungen gesteckten Kapitals. Obwohl der Tarif sicherlich in der nächsten Zukunft neu bearbeitet werden wird, beantragt keine bedeutende politische Partei ernstlich, ihn umzustoßen, oder eine Staats- und Wirtschaftspolitik umzustürzen, die jetzt fast ein halbes Jahrhundert hindurch bestanden hat.

Konservativer Sinn des amerikanischen Volkes. Das amerikanische Volk ist im wesentlichen konservativ. Das Fortbestehen der der Hauptsache nach unveränderten Verfassung ist ein Beweis für den konservativen Sinn des Volkes. Die Verfassung besteht fort, weil ihre Begründer, in fast übermenschlicher Weisheit, sie wirklich zu einer Verfassung machten — zu einer Urkunde feststehender Grundsätze, geschützt vor Angriffen bei Anwendung im einzelnen — nicht zu einer Sammlung von Gesetzen, und weil sie sie dem gewohnten politischen Denken der angelsächsischen Kolonisten, welche die eigentlichen Begründer der Nation waren, anpaßten. Die Stimmungen und Leidenschaften eines Volkes, ob europäisch oder amerikanisch, dürfen niemals die Einrichtungen umstürzen, die seine historische Entwicklung darstellen und der Ausdruck seiner innersten Überzeugung sind. So steht die Verfassung, durch die Gerichte ausgelegt, da, als Wachtposten über der schwer erworbenen bürgerlichen Freiheit des amerikanischen Zweiges des angelsächsischen Volkes und jener anderen Völker, die sich ihm angeschlossen haben, und verhindert, daß eine vorübergehend herrschende Strömung durch ihre zeitweilige Mehrheit die Grundlagen des gesamten politischen Baus umstürzt oder beschädigt.

Die Herrschaft der Verfassung. Manchmal beklagt sich der oberflächliche Beobachter oder der ungeduldige Verteidiger eines neuen Vorschlages, daß die Verfassung Volksherrschaft verhindert, darum, weil er wegen der ihm gesteckten Grenzen seinen Willen nicht durchsetzen kann. Solch eine Persönlichkeit versteht nicht, was die Verfassung ist, oder was Volksherrschaft bei einem großen zivili-

sierten Volke bedeutet, dessen bürgerliche Freiheit zu schützen ist,
und das an seinem Teil an dem Fortschritt der Welt mitzuarbeiten
hat. In Amerika ermöglicht gerade die Verfassung durchaus
eine Volksherrschaft und schützt das Volk vor dem wankelmütigen,
schwachen und grausamen Regiment des Pöbels.

Die Präsidentschaft. Es wäre falsch, die Stellung des Präsi=
denten der Vereinigten Staaten mit der eines Herrschers einer kon=
stitutionellen Monarchie zu vergleichen. In einer konstitutionellen
Monarchie bekleidet der König ein Amt; er ist nur dem Namen nach
Herrscher. In der Regel ist der König, wenigstens der Form nach,
mit ein Teil der exekutiven Gewalt der Regierung, der andere Teil
wird von seinem ersten Minister oder dem Präsidenten des Kronrates
ausgeübt. Dieser Teil der exekutiven Gewalt hängt aufs engste mit
der Gesetzgebung zusammen und wird oft durch die Verfassung des
Landes von ihr abhängig gemacht. In den Vereinigten Staaten liegen
die Dinge ganz anders. Der Präsident ist ein Organ der Regierung,
und er vertritt direkt das herrschende Volk, das ihn erwählt hat. Er ist
ganz unabhängig von der Gesetzgebung, außer wenn gegen ihn eine
Anklage erhoben wird. Seine Machtvollkommenheiten und seine
Pflichten sind die, welche ihm die Verfassung vorschreibt. Er ist weder
König noch der Nachfolger von Königen. Er ist das vollziehende Organ
des Volkes, getrennt durch die Bestimmungen der Verfassung von
der gesetzgebenden Versammlung des Volks, dem Kongreß, ebenso von
dem Gerichtshof des Volkes, dem obersten Gerichtshof der Vereinigten
Staaten, und von den kleineren Bundesgerichtshöfen.

Darum ist eine Meinungsverschiedenheit zwischen dem Präsidenten
und dem Kongreß nicht mit einer Streitfrage zwischen einem absoluten
Herrscher und den gesetzgebenden Körperschaften seines Landes, bei
welcher die Volksvertreter alle auf einer Seite[1] stehen, zu vergleichen.
Es ist eine Streitfrage zwischen zwei Volksvertretern. Die Geschichte
der amerikanischen Politik zeigt klar, wie sehr das Volk den Präsidenten
als seinen direkten Vertreter ansieht. Anfänglich war dies nicht der
Fall. Der Wahl der Kongreßmitglieder wurde mehr Aufmerksamkeit
geschenkt, als der Wahl des Präsidenten. Die leitenden Gruppen im
Kongreß haben tatsächlich die ersten Präsidenten erwählt. Bei der
Wahl im Jahre 1820, als die Kämpfe um die Sklavenfrage im ersten
Stadium waren und das ganze Land daran ungemein interessiert war,
wurden für Präsidentschafts=Kandidaten in Richmond, Virginia,
das zu der Zeit mehr als 12 000 Einwohner hatte, nur siebzehn

---

1) Anm. des Übersetzers: d. h. gegen den Monarchen.

Stimmen abgegeben. Nach der Zeit Andrew Jacksons (1828—1836) trat jedoch eine Änderung ein, und schon seit vielen Jahren konzentriert sich das öffentliche Interesse auf die Wahl des Präsidenten. Ohne Mitwirkung und ohne Initiative des Präsidenten kann keine Partei hoffen, ihre Politik durchzusetzen, selbst wenn sie eine große Mehrheit im Kongreß hat. Die Macht der Befugnisse des Präsidenten hat ständig zugenommen, nicht gegen den Willen des Volkes, sondern auf Grund seines Willens und seines Vertrauens zu dem von ihm erwählten Präsidenten.

Der oberste Gerichtshof als Organ der Regierung. Ein Wort der Erklärung muß über die unabhängige und sehr bedeutungsvolle Stellung des Gerichtswesens im Rahmen der Verfassung gesagt werden. „Die Gerechtigkeitspflege", sagte John Marshall auf der Versammlung in Virginia, 1829, „dringt in ihrer Wirkung bis an den eigenen Herd jedes Menschen; sie betrifft sein Eigentum, seinen Ruf, sein Leben, sein Alles. Ist es nicht im höchsten Grade wichtig, daß er (der Richter) vollkommen und ganz unabhängig gemacht werde, nur Gott und sein Gewissen als Kontrolle über sich?"[1]

In England und im allgemeinen auch anderswo ist die Macht der Gerichte dem Gesetz unterworfen, und wie der Oberrichter Taney bemerkte, müssen die englischen Gerichtshöfe einem Parlamentsbeschluß Gehorsam erzwingen, selbst wenn sie glauben, daß jener Beschluß mit der Magna Charta oder mit der Petition of Rights nicht in Einklang steht. In den Vereinigten Staaten ist dies nicht der Fall. Der Kongreß hat nur die ihm in der Verfassung überwiesenen Befugnisse. Andrerseits haben die Bundesgerichtshöfe vom Volke volle, unbegrenzte, ungebundene richterliche Gewalt, die der Kongreß nicht antasten oder vermindern kann. Die Bundesgerichtshöfe haben daher das Recht, festzustellen, ob der Kongreß in irgendeinem Fall seine Befugnisse überschritten hat oder nicht. Wenn sie finden, daß dies geschehen ist, so ist das fragliche Gesetz sofort nichtig und ohne Wirkung, weil es der Verfassung entgegen ist. So vertreten auch die Gerichtshöfe, wie der Präsident und der Kongreß, das Volk der Vereinigten Staaten. Sie sind nicht bloß ein Teil des Verwaltungsapparates der Nation, sondern, wie der Präsident und der Kongreß, ein unabhängiges Regierungsorgan.

Am vollkommensten von allen Regierungsorganen zeigen die Gerichtshöfe die Denkweise des amerikanischen Volkes. Ein

---

[1] Proceedings and Debates of the Virginia State Convention of 1829—30, p. 616.

Präsident kann unterliegen und unterliegt auch zuweilen dem
mächtigen Einfluß von Leidenschaften und dem Lärm des Augenblicks
Die Bundesgerichtshöfe werden wahrscheinlich viel weniger davon beeinflußt.   Der Kongreß kann sich durch eine Agitation des Volkes
zum Erlaß eines unreifen, ungerechten Gesetzes hinreißen lassen
Die Bundesgerichtshöfe stehen da in ihrer ganzen Majestät und
entscheiden, ob die Unzufriedenheit des Volks etwas verlangt und
erreicht hat, was der verfassungsmäßigen Bürgschaft der bürgerlichen Freiheit und der Teilung der Macht zwischen Volk und
Staaten zuwider ist. Wenn dem so ist, dann kann der Volkswille
nicht erhalten, was er zu brauchen glaubt. Die Verfassung umstoßen,
würde Revolution sein; rechtmäßige und vernünftige Änderung ihrer
Bestimmungen kann nur durch Revision oder Zusatz stattfinden.

Eine Regierung von Grundsätzen, nicht von Menschen. Hiermit
kommen wir auf das eigentümlichste und bemerkenswerteste Charak-
teristikum der amerikanischen Regierungsform.   Jedes unmittelbare
Verlangen nach politischer Betätigung wird auf seine Gültigkeit hin
geprüft nach dem Maßstab der Grundsätze der bestehenden Regierung,
denen das amerikanische Volk Treue geschworen hat, und die in der
Verfassung verkörpert sind. Diese Prüfung geschieht nicht durch den
Präsidenten, so weise oder so beliebt beim Volke er auch sein mag, nicht
durch den Kongreß, so vorsichtig und so besonnen er auch sein mag,
sondern durch die Gerichtshöfe. Sie geschieht in Übereinstimmung
mit begründeten und wohl bekannten Grundsätzen des Rechts und
der Gerechtigkeit. Dieses Vorherrschen des Rechts und der Grundsätze, nicht der Menschen beseelt jede amerikanische politische Handlung.
Jede Abweichung davon, jede Auflehnung dagegen, jede Verletzung
ist nicht amerikanisch, ist antiamerikanisch, abnorm, pathologisch.

Wenn man diese Tatsachen betrachtet und die Wirksamkeit der
genannten Kräfte, so kann man vielleicht verstehen, wie es
kommt, daß die 90 Millionen Amerikaner trotz klimatischer Unterschiede, so groß wie zwischen Dänemark und Griechenland, trotz
Entfernungen größer als zwischen England und Sibirien, trotz Rassen-
unterschiede größer als die des gesamten Europas, im Grunde ein ein-
ziger, erkennbarer, politischer Typus sind. Auf einen kräftigen Urstamm
sind viele neue und fremdartige Zweige gepfropft worden, aber der
Mutterstamm nährt und erhält sie alle. Kräfte aller Art, politische, wirtschaftliche, soziale, Kräfte auf dem Gebiet des Bildungswesens haben
seit mehr als hundert Jahren den Boden, in den der Baum gepflanzt
wurde, fruchtbar gemacht und mit zu seinem kräftigen Wuchs beigetragen.

II.

Der Amerikaner als soziales Wesen.

Die Welt hat niemals eine gute Definition des Wortes „Freiheit" gehabt, und sie fehlt dem amerikanischen Volke gerade jetzt sehr. Wir alle erklären uns für die Freiheit, aber indem wir das gleiche Wort gebrauchen, verstehen wir nicht alle dasselbe darunter. Wir meinen, daß das Wort Freiheit bedeuten kann, daß jeder mit sich und mit dem, was er sich erarbeitet hat, tun kann, was ihm beliebt; während bei anderen dasselbe Wort bedeuten kann, daß einige mit anderen Menschen und dem, was diese erarbeitet haben, tun können, was ihnen beliebt. Hier werden zwei nicht bloß verschiedene, sondern unvereinbare Begriffe mit ein und demselben Wort bezeichnet, mit Freiheit. Und es ergibt sich daraus, daß jedem der Begriffe zwei verschiedene und unvereinbare Ausdrücke — Freiheit und Tyrannei — je nach den Parteien beigelegt werden.   Abraham Lincoln

Die Verfassung der Vereinigten Staaten richtet, wie bereits ausgeführt, nicht allein eine Regierung ein und schreibt den einzelnen Abteilungen ihre Pflichten vor, sondern bestimmt den Umfang der bürgerlichen Freiheit jedes einzelnen und schützt sie. Auf diesem Gebiete der bürgerlichen Freiheit spielt sich bei weitem der größere Teil des Lebens des Amerikaners ab, und es treten hier seine eigentümlichen Charakterzüge und Eigenschaften am vollkommensten und am natürlichsten zutage.

Der Amerikaner im Reiche der Freiheit. Der friedliche, ruhige Durchschnittsamerikaner hat wenig mit der Regierung zu tun und sieht wenige von ihren Beamten. Abseits von Washington oder einem der größeren Bevölkerungszentren, sieht er mit Ausnahme des Postvorstehers keinen Staatsbeamten. Die Bundesregierung legt ihm keine direkte Steuer auf; nur in seltenen Fällen und erst dann, wenn er für einen Ort lokale Bedeutung gewonnen hat, wird er als Geschworener an einen Bundes-Gerichtshof berufen. In der Tat sieht er nur wenig mehr von der Regierung seines Heimatsstaats und ihren Beamten. Gelegentlich, nicht häufig, erläßt die Staatsregierung ein Gesetz, das ihn und seinen Beruf direkt betrifft. Tatsächlich stellt sich das gesamte Regierungsystem — Bundesregierung, Staatsregierung und Kommunalverwaltung — dem gewöhnlichen Landbewohner im Postamt dar, dem Bürger in einer großen oder kleineren Stadt im Schutzmann und der Feuerwehr. Der Amerikaner hat bis zum heutigen Tage ein Leben geführt, das ziemlich frei ist von amtlicher Überwachung und Kontrolle. Er ist sich selbst überlassen worden, und gerade diese Tatsache hat ihn zu dem gemacht, was er heute ist.

Die in jedem europäischen Lande streng beachtete Tendenz, den einzelnen die stetig zunehmende väterliche Fürsorge und Aufsicht des Staates zuteil werden zu lassen, macht sich zwar in den Vereinigten Staaten ebenfalls bemerkbar, steht aber mit amerikanischen Traditionen so im Widerspruch, ist so den Grundsätzen entgegen, die Amerika zu dem, was es ist, gemacht haben, daß jeder dahingehende Vorschlag streng zurückgewiesen wird. Solange derartige Maßnahmen sich darauf beschränken, die Volksgesundheit zu schützen, offenkundige Ungerechtigkeit und Betrug zu verhindern, gesetzliche Vorrechte zu beschneiden, können sie jedoch gern verteidigt und gerechtfertigt werden; denn wir haben für immer den Grundsatz des laissez faire überwunden. Aber wenn sie versuchen, private Angelegenheiten zu regeln und zu beschränken, persönliches Vermögen rein zu Strafzwecken zu belasten, das private Leben auszuspionieren sind sie der amerikanischen Denkweise so verhaßt, daß sie vom Volke nicht würden geduldet werden — es sei denn, daß der Volkscharakter sich ganz geändert hätte —, selbst wenn solche Maßnahmen die genaue Prüfung der Gerichte bestehen könnten.

Sein Selbstvertrauen. Der Amerikaner hat von Natur und durch Überlieferung Selbstvertrauen. Seine Vorfahren trotzten den Gefahren der unbekannten Meere und den Gefahren eines fremden und unbebauten Landes, um in dem neuen Erdteil ihr Glück zu versuchen. Auch heute noch ist es der energische und unternehmungslustige Litauer, Italiener oder Skandinavier, nicht der entgegengesetzte Typus, der seine alte Heimat verläßt und der ein Teil des großen Auswandererstromes nach Amerika wird. Dieses Selbstvertrauen und diese Unabhängigkeit zeigen sich auf die verschiedenste Weise. Sie machen das Entstehen bestimmter und dauernder sozialer und wirtschaftlicher Klassen in Amerika für immer unmöglich. Fast ausnahmslos haben sich die Männer, die heute an leitenden Stellen in den Vereinigten Staaten stehen, durch ihre Fähigkeiten aus sehr bescheidenen Anfängen emporgearbeitet. Die Präsidenten der großen Universitäten

sind alle vor nicht langer Zeit einfache, schlecht bezahlte Lehrer
gewesen. Die ausgezeichnetsten Richter haben das Leben als
schwerarbeitende Rechtsanwälte begonnen, die ihren eigenen Weg
sich bahnten. Neun Zehntel der Männer, die heute das große
Verkehrswesen des Landes leiten und sehr hohe Gehälter be-
ziehen, haben in jedem Fall bis vor kurzem die bescheidensten Stellungen bei der einen oder der anderen großen Eisenbahngesellschaft
bekleidet.[1]) Diese unbegrenzte Möglichkeit, vorwärts zu kommen, und
zwar schon in jungen Jahren, ist für die amerikanische Jugend ein stän-
diger Ansporn und treibt sie an, irgendeinen Beruf oder irgendein
Gewerbe zu beherrschen. Es ist ein Ansporn zu Ehrgeiz und zu an-
gestrengter Arbeit. Keine Beobachtung des amerikanischen Lebens ist
richtig, keine Voraussage seiner Zukunft zutreffend, die von der Annahme
ausgeht, daß es in Amerika bestimmte feststehende soziale Klassen gibt.

Das erklärt, warum die Prediger sozialistischer Lehren auf so viele
Schwierigkeiten stoßen, unter den Lohnarbeitern der Vereinigten
Staaten Klassenbewußtsein zu erwecken, denn die Lohnarbeiter haben,
wennmöglich, gar nicht die Absicht, Arbeiter zu bleiben. Sie hoffen
zuversichtlich, daß ihre Kinder, die in den Elementarschulen gut
erzogen wurden, Stellungen erwerben als unabhängige Eigentümer
oder selbständige Arbeitgeber. Sie sehen Beispiele solcher Veränderung überall um sich her, und sie hoffen, daß sich auch ihnen die
Vorteile bieten werden, die das amerikanische Leben ermöglicht.

Die Jagd nach dem Gelde. Weil der Amerikaner so viel Glück
gehabt hat, sich ein Vermögen zu erwerben, weil so viele aus denk-
bar kleinen Anfangen heraus sich große Reichtümer erworben haben,
und weil das ganze Land so ungeheuer wohlhabend ist, wird der
Amerikaner im allgemeinen von Europaern und von nicht wenigen
Amerikanern selbst, die ihr eigenes Volk nur oberflächlich kennen,
für einen Menschen gehalten, der sich allein dem Gelderwerb
hingibt und in das Geld verliebt ist. Nichts könnte der Wirklichkeit weniger entsprechen. Der Amerikaner macht sich viel weniger
aus Geld als der Franzose, weniger sogar als der Engländer oder
der Deutsche. Sein hauptsächlichster Ehrgeiz liegt darin, sich selbst
mit Erfolg durchzusetzen, alle seine Kräfte zu entwickeln, um ein
erwünschtes Ziel zu erreichen, oder um eine schwierige Aufgabe zu
erfüllen. Das Geld, das ihm durch solchen Erfolg zufließt, nimmt
der Amerikaner froh als das äußere und sichtbare Zeichen und als
Maßstab für das, was er geleistet hat, hin. Aber das Geld selbst

---

1) Harpers Weekly, New York, June 20, 1908, S. 12.

behandelt er als Spielzeug oder — wenn er moralisch seiner besaite
ist — als ein Pfand, das auf irgendeine Weise für das Wohl de
Allgemeinheit zu verwenden ist, nachdem er für seine eigene Famili
gesorgt hat. Aus dieser Quelle fließen beständig die großen un
kleinen wohltätigen Stiftungen in den Vereinigten Staaten. Un
versitäten, Colleges, Krankenhäuser, Asyle, Bibliotheken, öffentlich
Veranstaltungen und Denkmäler jeder Art werden von private
Stiftungen dieser Art begründet und unterhalten.

Der ethische und politische Wert dieses Standes der Dinge i
sehr groß. Das Gefühl der Verantwortlichkeit bei der Verwaltun
großer Reichtümer und das Gefühl der Verpflichtung, die die
Reichtümer auferlegen, sind für jede Nation wertvolle moralisc
Kräfte. Das politische und soziale System, das jeder Persönlichke
zu jeder beliebigen Entwicklung die Bahn öffnet, das jedem ein
zelnen den ungestörten Besitz der Früchte seiner eigenen Arbe
sichert und in ihm ein Gefühl der Verpflichtung weckt, sein Eigentu
für das Allgemeinwohl und dessen Ausgaben zur Verfügung zu stelle
ist dem System bei weitem vorzuziehen, das politische und sozia
Ungerechtigkeit begeht, indem es Bedürfnissen und Wünschen nac
kommt anstatt wirkliche Leistungen anzuerkennen, in der Hoffnun
daß dadurch Gleichheit und Glück — eine falsche Gleichheit und e
illusorisches Glück gefördert würden.

Das lebhafte Temperament des Amerikaners. Abweichend v
der vielleicht gewöhnlichen Annahme hat der Amerikaner ein se
lebhaftes und warmes Empfinden. Sein sogenannter praktisch
Sinn wird zum Teil gemäßigt und kontrolliert von einer Wärm
des Empfindens und einem vorherrschenden Idealismus, die se
bemerkenswert sind. Nicht aus praktischen Gründen, sondern a
Idealismus wurden die atlantischen Küstengebiete besiedelt. Ni
praktische Gründe, sondern Idealismus hat jenseits der Alleghan
Berge die Flüsse überbrückt, die Wälder ausgeholzt, die Präri
gepflügt, Häuser gebaut und so den Ansiedlungen und d
Kultur eine neue Welt eröffnet. Seiner Überzeugung wi
der Amerikaner jeden Geldbetrag opfern, für seine Überzeugu
jede Entbehrung und jede Not ertragen, alle Kräfte aufbiete
Die Zeiten des Bürgerkrieges haben das über Erwarten bewiese
Es ist gleichfalls etwas ganz Gewöhnliches, daß er schnell und te
nahmsvoll einem edlen Gedanken oder einem erhabenen Empfind
sich anschließt. Das Beste, was die Literatur seiner Mutterspra
in Poesie und Prosa aufzuweisen hat, rührt und ergreift ihn.

Seine schönsten und besten Charaktereigenschaften zeigt das
amerikanische Volk in Zeiten großen nationalen Unglücks und großer
Schicksalsschläge. In den langen schweren Wochen, als Präsident
Garfield im Sterben lag, zu der Zeit, da Präsident MacKinley
erschossen wurde, zeigte sich das erregbare Temperament des Volkes
in Ehrfurcht gebietender Weise. Andrerseits war der vernunftlose
Ausbruch blinder Wut und des Hasses, als das Kriegsschiff „Maine"
kurz vor Ausbruch des spanisch-amerikanischen Krieges im Hafen von
Habana in die Luft flog, derartig, daß man sich seiner schämen mußte.

Dieses leicht erregbare Temperament führt dahin, daß die Wogen
der politischen Interessen und Stimmungen über den Staatskörper
in einer Weise hinwegbrausen, die den Beobachter, der an mehr
verstandesmäßiges Vorgehen gewöhnt ist, in Erstaunen setzen und
abstoßen. Beispiele hierfür sind die sogenannten »granger«[1]) und
»greenback«[2]) = Bewegungen der siebziger Jahre, die »Free-silver«[3])
=Bewegung der achtziger und neunziger Jahre wie auch die heutige
Bewegung gegen die Trusts und die Bewegung zugunsten des Verbots
des Spirituosenhandels. Der Vorgang ist bei all diesen Angelegenheiten ein und derselbe. Irgendein mehr oder minder ernster Grund
zur Klage oder ein Unrecht liegt vor, und nun schlägt eine Person
oder eine Partei ein schnell wirkendes und einleuchtendes Heilmittel
dagegen vor. In ihrem Bemühen, den Grund zu den Klagen oder
das Unrecht aus der Welt zu schaffen, greifen viele eifrig nach dem
angebotenen Heilmittel und unterstützen es aufs lebhafteste. Das
Gefühl schäumt über wie ein Sturzbach, nach und nach verschaffen
sich aber Verstand und Urteilskraft wieder Geltung, und schließlich
wird nach sorgfältiger Prüfung und Besprechung das vorgeschlagene
Heilmittel zur Aufhebung der Klagen und zur Beseitigung des Un-
rechts in gemilderter Form angenommen oder ganz verworfen.
Der gefährliche Zeitpunkt ist nach all diesen Erfahrungen der, wenn
ehrgeizige Demagogen mit flammender Rednergabe das erregte
Volksempfinden auszunutzen suchen, um selbst eine Stellung und
Macht zu gewinnen. Diese Ausbeutung des Volkes ist eine Gefahr,
die jeder Demokratie innewohnt. Es gibt keinen anderen Schutz

---

1) granger, eine agrarische Bewegung, deren Hauptziel die Ver-
staatlichung des Handels mit landwirtschaftlichen Produkten war.

2) greenback, eine ebenfalls in der Hauptsache agrarische Bewegung
für Beibehaltung bezw. Wiedereinführung der Papiergeldwährung.

3) Free-silver, eine aus demselben Gedankengang hervorgegangene
Bewegung zugunsten der reinen Doppelwährung.

dagegen als den natürlichen gesunden Menschenverstand des Volkes
selbst und sein zähes Festhalten an politischen Grundsätzen.

Die Amerikaner ein christliches Volk. Es würde eine schlechte
Kennzeichnung des amerikanischen Volkes sein, die nicht des
großen Haltes erwähnte, den der religiöse Glaube ihm biete
Das Christentum in irgendeiner seiner vielen Formen gehör
zu seiner Natur. Die Heilighaltung des Sonntags und der Kirchen
besuch sind heute unzweifelhaft nicht mehr so allgemein, besonder
nicht mehr in den dichter bewohnten Staaten, wie sie es einst ware
Dennoch wird im allgemeinen derjenige ebensowenig geachte
der nicht in irgendeiner Beziehung zur Kirche steht, wie der, der kein
regelrechte Tätigkeit hat   Es gibt in den Vereinigten Staate
160 000 Geistliche, mehr als 200 000 Kirchen und über 32 Million
Kommunikanten. In kleinen Dörfern, in ländlichen Bezirken un
bis zu einem gewissen Grade auch an anderen Orten ist die Kirch
der soziale und religiöse Mittelpunkt. Die Geistlichkeit übt
den ländlichen Bezirken fast gleichmäßig in allen Dingen eine
großen Einfluß auf die Gemeindemitglieder aus. Religiöse Sekte
im Süden und oft auch im Westen, bilden die Grundlage für sozial
Einteilung. Gewisse religiöse Gebräuche bestehen fort, auch wenn de
Glaube an ihre Kraft verloren ist oder sich geändert hat. Alle wichtige
politischen Versammlungen werden mit einem Gebet eröffnet   Da
gleiche geschieht bei den täglichen Sitzungen des Senats und de
Repräsentantenhauses und vielen der staatlichen gesetzgebenden Ver
sammlungen. Das Gesetz verlangt Geistliche für Heer und Marine

Dieser religiöse Einfluß und das Ansehen, das die christliche Religio
genießt, gehen bis auf die ersten Anfänge der amerikanischen Ge
schichte zurück. Sie sind in dem Auftrag zu finden, den Ferdinan
und Isabella von Spanien Columbus gaben, den die Königi
Elisabeth von England Sir Walter Raleigh gab, sie finden sich i
der ersten Urkunde Virginias, in dem Vertrage der Pilger de
„Mayflower", in den Fundamentalverordnungen Connecticut
in der Urkunde über die Vorrechte, die William Penn der Provin
Pennsylvania gewährte, in der Unabhängigkeitserklärung und i
den Verfassungen der verschiedenen Staaten Der oberste Gerichtsho
der Vereinigten Staaten hat durch Mr. Justice Brewer den religiöse
Charakter des amerikanischen Volkes in klarem Wortlaut erklärt.[1]

Er sagte: „Wenn wir darüber hinaus einen Blick auf da
amerikanische Leben werfen, wie es in seinen Gesetzen, seinen

---

1) Holy Trinity Church v. United States, 143 U. S (1891).

Handel, seinen Sitten und seiner Gesellschaft zum Ausdruck kommt, so finden wir überall die Anerkennung derselben Wahrheit. Unter anderem bemerken wir: die allgemein gültige Eidesformel, die mit einer Anrufung des Allmächtigen schließt, die Sitte, Sitzungen beratender Körperschaften mit Gebet zu eröffnen; die einleitenden Worte aller Testamente: „"Im Namen Gottes, Amen""; die gesetzliche Beachtung des Sabbats durch ein Ruhen aller weltlichen Geschäfte; wir bemerken, daß die Gerichtshöfe geschlossen sind, daß keine gesetzgebenden oder andere ähnliche öffentliche Versammlungen an dem Tage stattfinden; wir bemerken Kirchen und kirchliche Veranstaltungen überreichlich in jeder großen und kleineren Stadt, in jedem Flecken; die Fülle von Wohlfahrtseinrichtungen, die überall unter christlichem Schutze stehen; die gewaltigen, von allen Seiten unterstützten Missionsgesellschaften, die das Ziel verfolgen, christliche Mission in allen Teilen der Welt auszuüben. Dies und noch vieles andere, das wir erwähnen könnten, sind gewissermaßen private Beigaben zu der Fülle ursprünglicher Beweise, daß dies eine christliche Nation ist"

Es gibt in den Vereinigten Staaten keine Staatskirche, und es wird gesetzlich oder offiziell keiner Form des religiösen Glaubens der Vorzug gegeben Trotzdem bleibt die Tatsache bestehen, daß, wie der oberste Gerichtshof gesagt hat, das Volk der Vereinigten Staaten christlich ist. Es bleibt wahr, daß, wenn wir selbst die herrschende absolute religiöse Toleranz in Betracht ziehen, die jüdische, die mohammedanische Religion oder die Religion des Confucius nicht denselben Platz einnimmt oder einnehmen kann, auch nicht denselben Einfluß hat und haben kann, wie die christliche Religion. Das Volk der Vereinigten Staaten ist in seinen Gesetzen und in seinem Tun eine christliche Nation und würde es sein, selbst wenn die Mehrzahl der Einwohner nicht — wie es wirklich der Fall ist — Anhänger irgendeiner Form des christlichen Glaubens wären. — Es ist so, trotzdem eine große Zahl der Einwohner sich zu keiner Form des christlichen Glaubens bekennt Wenn wir sagen, daß das Volk der Vereinigten Staaten in seinen Gesetzen und in seinem Tun christlich ist, so heißt das, daß der Standpunkt des Volkes, seine Einrichtungen wie seine Überlieferungen sich unter der Herrschaft des christlichen Glaubens entwickelt haben, zunächst im westlichen Europa, dann in Amerika — und nur so auf Grund dieser Herrschaft Der gesetzliche Kalender ist der christliche; es ist undenkbar, daß es ein anderer sein könnte.

Religiöse Freiheit. Andrerseits besteht in den Vereinigten Staaten eine vollkommene Trennung von Staat und Kirche, die glücklicher-

weise dem Geiste nach) unparteiisch ist, und die den Bürgern jeder
Rasse und jeden Glaubensbekenntnisses Gastfreundschaft gewährt.
Darum ist immer besondere Sorgfalt auf Beachtung der verfassungs=
mäßigen Bürgschaft gelegt worden, die jeder Religion freie Aus=
übung gestattet. Die Anhänger irgendeines Glaubensbekenntnisses
— es mag von dem christlichen so abweichend wie möglich sein —
können ihren Überlieferungen und ihrer Überzeugung gemäß leben,
unter der einen Voraussetzung, daß sie dadurch nicht mit den Landes=
gesetzen in Widerspruch geraten. Aus diesem Grunde ist den Mor=
monen gestattet worden, in den Vereinigten Staaten zu leben,
während ihre Sitte der Polygamie jetzt verboten ist.

Daß durch diese Haltung des Volkes der Vereinigten Staaten
die Interessen der religiösen Körperschaften nicht leiden, beweist die
Tatsache, daß die Körperschaften zufrieden sind, und daß sie darunter
gedeihen. Die vielen schwierigen Fragen, vor die sich unter den
heutigen Verhältnissen eine Staatskirche gestellt sieht, werden auf
diese Weise ganz vermieden. Alle Kirchen ohne Ausnahme wachsen
und gedeihen. Vielleicht ist nirgendwo in der Welt die römisch=
katholische Kirche in so glücklicher Lage wie in den Vereinigten
Staaten; daß sie ohne staatliche Stütze bestehen kann, beweisen deut=
lich ihre mehr als zehn Millionen Anhänger.

Hohe Anforderungen an kaufmännische Ehre. Kaufmännische
Ehre und geschäftliche Tüchtigkeit werden in den Vereinigten Staaten
sehr hoch geschätzt. Das Kredit=System ist weit verbreitet, und man
hat selten einen ernsten Verlust zu verzeichnen. Zum großen Teil
hat das Volk seine Ersparnisse in Aktien und Obligationen der Eisen=
bahnen und industriellen Körperschaften angelegt, in den meisten
Fällen mit Gewinn und großem Vorteil. Die finanziellen und
geschäftlichen Leiter dieser Körperschaften sind beinahe ausnahms=
los ungemein befähigte Männer, Männer, die über ein großes tech=
nisches Wissen verfügen, tüchtig und aufs peinlichste ehrlich sind.
Beispiele für die gute Leitung und die vornehme Geschäftsführung
bei diesen riesenhaften Unternehmungen sind die United States
Steel Corporation, die Pennsylvania Railroad Company und die
Chicago and Northwestern Railway Company. Umfang und Art
ihrer Geschäfte machen sie zu wirklich öffentlichen, nicht privaten
Einrichtungen. Dennoch sind sie selbstverständlich in keiner Hin=
sicht staatliche Einrichtungen. In einer Zeit schnell wachsender
Geschäftstätigkeit und großer Anhäufung von Reichtum, wie sie
die Geschichte der Vereinigten Staaten seit dem Bürgerkriege kenn=

zeichnet, sind in Amerika einige Abenteurer, Spekulanten und Aus-
beuter in Vertrauensstellen und auf verantwortungsvolle Posten
gekommen. Einige von ihnen — nicht viele, in Wirklichkeit einige
wenige — haben die günstige Gelegenheit gemißbraucht und haben
das in sie gesetzte Vertrauen nicht gerechtfertigt. So etwas kommt
in der ganzen Welt vor. Nun ist aber der ganz ungerechtfertigte
Schluß daraus gezogen worden, daß Geschäftsehre und Redlichkeit
in Amerika auf sehr niedriger Stufe stünden. Das Gegenteil davon
trifft zu. New York, das in bezug auf finanzielle Bedeutung mit
London wetteifert, verwaltet Hunderte von Millionen von Mündel-
geldern und Depositen mit peinlicher Redlichkeit und Zuverlässigkeit.
Die Leiter und Direktoren der führenden Banken, Kreditgesell-
schaften und Handelshäuser New Yorks gehören zu den bekanntesten
und angesehensten amerikanischen Bürgern. Mit peinlicher Sorge
wachen sie darüber, daß die alte traditionelle Ehre und die kon-
servative Gesinnung erhalten bleiben, die sich länger als ein Jahrhundert bewährt haben.

Ähnliche Verhältnisse bestehen in anderen Teilen des Landes.
Der Bankier in einem Dorfe oder in einer kleinen Stadt im Innern
ist sicherlich ein Mann, der sich eines guten Rufes erfreut und von
Gemeinsinn beseelt ist. Er ist stolz auf seine Gemeinde und eifrig
bedacht auf ihr Wohlergehen und ihr Fortkommen. Dasselbe gilt
auch von dem Handelsstand. Man schätzt, daß in dem gesamten
ungeheuren Geschäfts- und Handelsverkehr der Vereinigten Staaten
nur 5 Prozent, ein Zwanzigstel bar bezahlt wird. Die bleibenden
neunzehn Zwanzigstel werden durch Schecks oder durch andere
Kreditmittel bezahlt. Das wäre in einem Lande unmöglich,
dessen Finanz- und Handelswelt betrügerisch und unredlich ist.

Der Amerikaner im Geschäftsverkehr. Der Amerikaner hat trotz
seiner materiellen Erfolge noch viel zu lernen im Geschäftsverkehr
besonders mit dem Auslande. Er ist geneigt, die Aufmerksamkeit,
die er seinem Geschäfte zu widmen hat, mit der persönlichen An-
wesenheit in seiner Fabrik oder in seinem Bureau zu verwechseln.
Er muß noch lernen, daß die Jahresarbeit in 10 oder selbst 11 Monaten
gemacht werden kann, aber, daß sie möglicherweise in 12 Monaten
nicht gemacht werden kann. Ein Ausspannen, das Leben im Freien,
körperliche Übung und veränderte Umgebung erfrischen und geben
Geist und Körper neue Lebenskraft und fördern dadurch die Tüchtigkeit
im Beruf. Diese Wahrheit lernen die Amerikaner aber nur langsam. Amerikanische Geschäftsleute haben noch bis heute nicht das

Geheimnis gelernt, einen erfolgreichen Handel mit dem Auslande
in größerem Umfange zu betreiben. Der leitende Grundsatz muß der
sein, daß man das anfertigt, was der Käufer braucht, nicht das,
was der Fabrikant vorzieht, oder was nach seiner Annahme der
Käufer haben sollte. In anderen Ländern bevorzugen die Käufer
einen ganz besonderen Stil, besondere Fabrikmarken und besondere
Arten der Verpackung. Der amerikanische Geschäftsmann vernachlässigt oftmals diese Kleinigkeiten und kann deshalb gar nicht mit
Erfolg mit seinen englischen oder deutschen Geschäftskonkurrenten
in Wettbewerb treten. Aber er lernt erstaunlich schnell, wie der
steigende Wert der Fabrikwaren bezeugt, die von den Vereinigten
Staaten exportiert werden.

Die großen Korporationen. Die Einrichtung der großen Körperschaften, die im Volke allgemein, aber ganz unzutreffend als „Trusts"
bekannt sind, ist ein wesentlicher Antrieb zur Geschäftstüchtigkeit
in Amerika geworden. Durch sie ist der Überproduktion wesentlich
gesteuert worden; die Produktion hat zugenommen, während im
allgemeinen der Preis der Waren, mit denen die Trusts handeln,
herabgesetzt worden ist. Begabten und fleißigen Männern sind durch
sie neue und viel einträglichere Wege zur Betätigung geöffnet
worden. Sie haben die Gegnerschaft der Kleinen hervorgerufen,
weil sie groß sind, und sie haben sich der weit verbreiteten Feindschaft
der Öffentlichkeit ausgesetzt, weil ihre Direktoren sich manchmal in
Sachen der Gesetzgebung eingemischt haben, oder sich von den
Transportgesellschaften besondere und nicht gerade redliche Vorteile
zu verschaffen versucht haben. Diese Mißbräuche jedoch lassen jetzt
von selbst nach oder werden abgestellt, und es kann mit Recht erwartet
werden, daß die öffentliche Meinung gegenüber den großen Korporationen sich ändert. Die großen Korporationen sind sowohl
eine rechtmäßige als auch eine notwendige Folge der bestehenden
wirtschaftlichen Verhältnisse in den Vereinigten Staaten. Ihre
Vorteile sind größer als ihre Nachteile, natürlich unter der Voraussetzung, daß sie ihre große Macht unparteiisch gebrauchen und nicht
andere wichtigere Interessen der Allgemeinheit verletzen. Eine
Körperschaft ist kooperativ, und durch Kooperation kann jede Persönlichkeit ihre Eigenart am besten betätigen.

Der Westen typisch für die Vereinigten Staaten. Vor einigen
Jahren besuchte ein bekannter Engländer die Vereinigten Staaten
und brachte die drei ersten Wochen seines Aufenthaltes in Boston
und dann drei Wochen in New York zu. Kurz vor seiner Abreise

sprach er von der Absicht, ein Buch über Amerika zu schreiben, dessen Gastfreundschaft ihm so sehr gefallen hatte. Er war sehr erstaunt, als ihm ein amerikanischer Freund darauf sagte: „Ein Buch über die Vereinigten Staaten können Sie ja gar nicht schreiben; Sie sind ja gar nicht in den Vereinigten Staaten gewesen, Sie haben ja bloß New York und Boston besucht." Obwohl diese Worte im Scherz gesagt wurden, enthalten sie doch eine Wahrheit, die fast niemals beachtet wird. Wenn auch New York und Boston echt amerikanisch sind, so sind sie doch Europa zu nahe und ihre Beziehungen mit Europa zu eng und zu vielseitig, als daß allein ein Besuch dieser Städte genügen würde, um einen richtigen und vollständigen Einblick in das Leben und den Charakter des Amerikaners zu verschaffen. Am reinsten und besten tritt der amerikanische Typus in den Hunderten kleinerer Städte des mittleren Westens zutage. Wollte jemand in einem begrenzten Gebiet Leben und Eigentümlichkeiten des Amerikaners studieren, so würde er am besten tun, wenn er das nördliche Illinois und die angrenzenden Teile von Jowa, Wisconsin und Minnesota wählte. Hier ist der Boden fruchtbar, die Ansiedelungen sind alt genug, um behaglich zu wirken, alles erscheint geregelt; die Bevölkerung ist wohlhabend, es gibt wenig und keine große Armut, die Elementarschulen gehören zu den besten, Kirchen gibt es in großer Zahl, ihr Einfluß ist weitgehend, und der Durchschnitt an Intelligenz und an geistigen Interessen ist sehr hoch. Europa ist ihnen wohlbekannt, die Berührung ist aber doch nicht so nahe wie in New York oder Boston. Die Bevölkerung liest die besten Bücher, die besten Zeitschriften, Revuen und Wochenschriften. Die Söhne und Töchter werden selbstverständlich auf die Colleges geschickt, meist der durch Steuern erhaltenen Staatsuniversitäten. Es gibt dort wenig Laster und wenig Verbrechen, Moral und Gewohnheiten des Volkes sind ausgezeichnet. In Indiana, Missouri, Kansas, Nebraska, Colorado, California und in anderen Gebieten sind ähnliche Verhältnisse, dennoch kann gerade das genannte Gebiet als echt amerikanisch gelten.

Der Amerikaner als Weltbürger. Glücklich ist der Reisende in den Vereinigten Staaten, der wirkliche Amerikaner in ihren eigenen Häuslichkeiten und in den Klubs kennen lernt, der nicht allein Land und Leute in den Hotels und durch die Scheiben des Eisenbahnwagens zu sehen bekommt. Auf ihn werden die ganz allgemeine geistige Regsamkeit, die gründliche und vielseitige Kenntnis von Menschen und Dingen in anderen Ländern, die Literaturkenntnis, die Kenntnis aller wissenschaftlichen Fortschritte, die vornehme

Gesinnung und Offenheit des Amerikaners einen tiefen Eindruck machen. Die frühere Gewohnheit des Amerikaners, alle Länder, Sprachen, alle Kultur außer der amerikanischen schlecht zu machen, wird allmählich überwunden. Sie war der Ausdruck eines kleinstädtischen Selbstbewußtseins, das, nur zu natürlich, der Subordination und Abhängigkeit in der kolonialen Zeit folgen mußte. Das Entstehen dieses kleinstädtischen Selbstbewußtseins wurde, wie Lowell es nennt, von einer gewohnheitsmäßigen gewissen herablassenden Art Fremden gegenüber unterstützt.

Hat einerseits die Zunahme an Intelligenz ein zu rasches Urteil über Menschen und Ereignisse zur Folge, so gibt sie auch wieder die Mittel an die Hand, vorschnelle Urteile zu verbessern. Reisen erweitern den Gesichtskreis des Amerikaners und verhelfen ihm zu dem Stoff für ein vergleichendes Studium seiner sozialen und politischen Probleme.

In den Kongreßsitzungen werden seit kurzem zahlreiche und verständnisvolle Vergleiche mit den Erfahrungen anderer Nationen über Finanzfragen und Angelegenheiten der korporativen Aufsichtsbehörden, über die Beziehungen zwischen Kapital und Arbeit gezogen. Der Amerikaner von heute fühlt sich entschieden als Weltbürger und nicht wie einstmals als Bürger einer besonderen Welt. Er ist jetzt empfindlich gegen fremde Kritik und schätzt fremden Beifall und fremde Empfehlung. Dieser Fortschritt stammt erst aus der jüngsten Zeit und ist ein entschiedener Schritt vorwärts in der Kultur. Isoliert stehen heißt sich das Vorrecht nehmen, anderen einen Dienst zu erweisen oder von anderen einen Dienst anzunehmen.

Gefahren, die amerikanischer Kultur drohen. Amerika wird nicht den Gefahren ausgesetzt sein, die ältere Völker fürchten. Von außen kommender wirtschaftlicher Druck kann keine ernste Wirkung haben; der Konsum des Volkes ist zu groß, seine natürlichen Quellen zu vielseitig und ergiebig. Ein Angriffskrieg gegen die Vereinigten Staaten ist fast undenkbar: erstens, weil er sicherlich erfolglos sein würde, und zweitens, weil wir uns schnell dem Kultur-Standpunkt nähern, von dem aus es jeder Nation, die Selbstachtung hat, unmöglich sein wird, mit einer anderen Krieg zu beginnen.

Die Gefahren, die Amerika bedrohen, sind ganz anderer Art, und sie kommen, wenn überhaupt, von innen. Der ursprüngliche und vorherrschende angelsächsische Einfluß, der jetzt fast zweitausend Jahre alt ist, kann möglicherweise an Stärke verlieren. Seine Fähigkeit, die durch die Einwanderung zugeführten fremden Elemente zu unterwerfen oder zu assimilieren, kann erschöpft werden.

Eine Generation, die sich der fundamentalen Grundlagen nicht mehr bewußt ist, auf denen die Nation aufgebaut wurde, kann in Zeiten der Leidenschaft und Erregbarkeit einem unbedeutenden, aber volkstümlichen Führer in einen politischen Abgrund folgen. Die Achtung vor dem Gesetz und seine Beachtung, die allein einen zivilisierten Staat und freie Einrichtungen ermöglichen, können leidenschaftlicher Heftigkeit und zügelloser Rache weichen. Dann gerät Lincolns vortrefflicher Grundsatz in Vergessenheit: „Es gibt keinen Mißstand, dem nicht durch Volksjustiz abgeholfen werden könnte." Nicht eine dieser Gefahren droht, aber es hieße einfach blind sein, wollte man sich vorenthalten, daß sie möglich sind.

Die Warnung Washingtons. Eine der weisesten und eindrucksvollsten Urkunden amerikanischer Geschichte ist der Abschiedsbrief Washingtons an seine Landsleute aus dem Jahre 1796, als er im Begriff stand, die Präsidentschaft niederzulegen. Es ist eine gute Sitte, daß dieser Abschiedsbrief im Senat der Vereinigten Staaten alljährlich an Washingtons Geburtstag von einem der Senatoren laut vorgelesen wird. Dieser Brief, in dem sich Washingtons Klugheit mit Hamiltons Einsicht paart, zeigt den Amerikanern den Weg, auf dem ihre nationale Sicherheit liegt. Ganz besonderen Nachdruck legt Washington auf den Rat, den Gesetzen gegenüber Gehorsam zu üben, weil es Gesetze sind, nicht etwa nur dann, wenn oder weil ein Gesetz die Zustimmung eines einzelnen hat, der die Pflicht hat, dem Gesetz zu gehorchen. Er weist auf den Geist der Gesetzwidrigkeit hin, der darin liegt, daß der Wille einer großen oder kleinen Partei als der übermittelte Wille des Volkes ausgegeben wird, einer Partei, die nur eine kleine, aber geschickte und unternehmende Minderheit der Gesamtheit ausmacht. Das ist eine ständige Gefahr in den Vereinigten Staaten. Kleine Gruppen strengen sich oft aufs äußerste an, um gewisse Gesetze durchzubringen, Gesetze, die manches Mal im öffentlichen Interesse wünschenswert sind, häufiger aber selbstischen oder Sonderinteressen Hilfe und Schutz gewähren sollen. Manchmal haben sie Erfolg bei ihren Bemühungen; dann legen sie der Gesamtheit eine Politik auf, welche diese nicht wünscht oder nicht billigt, aber die zu bekämpfen die Mehrheit ihrer Vertreter nicht klug oder befähigt genug war. Ein solches Gesetz und viele Hunderte der Art treten nicht in Kraft oder werden offenkundig verletzt, und so trägt dies dazu bei, eine Mißachtung oder Verachtung des Gesetzes als solches zu verbreiten. Die große Zahl gesetzgebender Körperschaften in den Vereinigten Staaten, die Leidenschaftlichkeit, mit der viele für alle möglichen Dinge Gesetze verlangen, die am besten gar nichts mit der Gesetzgebung zu tun hatten, und die Leichtigkeit, mit der viele Gesetze gewisser Art zustande kommen, tragen mit dazu bei, die Achtung vor dem Gesetz herab= zusetzen und den Geist des Gehorsams vor dem Gesetz zu schwächen

Es ist angebracht zu sagen, daß gesetzwidrige Ausbrüche und Auf= ruhr, wenn auch noch immer zahlreich und schrecklich, mehr und mehr abnehmen So etwas wie die »Draft Riots«[1]) des Jahres 1863 in New York würde heute unmöglich sein. Das tatkräftige und patriotische Vorgehen Präsident Clevelands bei dem Aufruhr in Chicago 1894, über die Köpfe der Gemeinde= und Staatsbeamten hinweg, die mit den aufrührerischen Klassen harmonierten, war ein denkwürdiger Akt, der eine Wiederholung solches Vergehens sehr un= wahrscheinlich macht. Die Lynchjustiz herrscht noch immer im Süden — wo die Frage durch die Rassen=Feindschaft noch schwieriger ist — und in einigen Teilen im Norden; aber das Volksempfinden ist wach= samer, und die Beamten sind heute viel energischer, derartige Ver= brechen zu verhüten oder zu bestrafen, als es früher der Fall war

Der Geist des Gesetzes. Dem Gesetz gehorchen, weil es Gesetz ist, und an seiner Änderung oder Abschaffung auf gesetzmäßigem Wege arbeiten, wenn eines der vorhandenen Gesetze dem persön= lichen Gerechtigkeitssinn widerstrebt, ist die erste und hauptsäch= lichste Lehre, die amerikanische Eltern und amerikanische Schulen den Kindern von heute erteilen sollen, die die verantwortlichen amerikanischen Bürger der Zukunft werden. Niemand zeigte die Gefahren einer Verbreitung des Geistes der Gesetzlosigkeit besser auf als Lincoln selbst. „Ich weiß", sagte er, „daß das amerikanische Volk sehr an seiner Regierung hängt Ich weiß, es würde viel ihret= wegen erdulden; ich weiß, es würde lange und mit viel Geduld Unrecht ertragen, ehe es daran dächte, sie gegen eine andere aus= zutauschen — und doch, wenn trotz alledem die Gesetze unaufhörlich verachtet und mißachtet werden, wenn die Gesetze, die Person und das Eigentum schützen, durch nichts Besseres als durch die Launen des Volks gesichert werden können, dann ist eine Abnahme seiner Zuneigung zu der Regierung eine natürliche Folge; und dazu muß es früher oder später kommen.[2])

---

1) Aufruhr infolge gewaltsamer Aushebung von Rekruten für die Armee der Nordstaaten im Bürgerkriege.
2) Complete Works of Abraham Lincoln, ed by Nicolay and Hay, 1902 I, p. 11—12.

Aber der Amerikaner findet gegen die Gefahren, die seine Kultur bedrohen, leicht Schutz in seinem natürlichen Frohsinn, seinem ungeschwächten Selbstvertrauen und seinem natürlichen Optimismus. Er kann nicht davon überzeugt werden, daß, komme was da wolle, die Sache nicht gut enden sollte. Wenn nötig, wird er seine derbe Hand in die Speichen des Rades legen und sehen, daß es sich zu gutem Ende dreht. Er begibt sich mit überraschend guter Laune, Bereitwilligkeit und Geschick in Krisen jeder Art, sei es in seinen persönlichen oder Familienschicksalen oder in öffentlichen Angelegenheiten. Er bleibt selten lange unterlegen. Soweit es seine politischen Einrichtungen betrifft, so ist sein Vertrauen auf sie derartig, daß er, mag er in der Hitze des politischen Kampfes seinen Schmerz noch so laut aussprechen, in seinem Innern nicht glaubt, daß selbst sein gefürchtetster politischer Gegner sie wirklich verletzen oder vernichten könnte.

Mob und Volk. In einer Demokratie ist der Unterschied zwischen Mob und Volk sehr gering. Dieselben Persönlichkeiten sind bald Mob, bald Volk. Wenn Leidenschaft die Vernunft, wenn Zügellosigkeit, Begehrlichkeit den Willen beherrscht, dann wird das Volk zum Mob. Wenn eine vernünftige Überlegung sich behauptet, und wenn die Tat sich auf einen Grundsatz gründet, dann wird der Mob zum Volk. Gerade weil dieser Unterschied zwischen Mob und Volk so gering ist, darum ist die Verantwortlichkeit für den Führer in der amerikanischen Demokratie so verhältnismäßig groß. Heftige und unüberlegte Rede, Ansprachen, die die Begehrlichkeit der Menschen aufstacheln und sich an ihre niederen Instinkte wenden, die Neid oder Eifersucht gegen die wachrufen, die eben eine gerechte Auszeichnung erhalten oder sich auf ehrliche Weise ein Vermögen erworben haben, wenden sich nicht an das Volk, sondern an den Mob. Wer wirklich, nicht bloß dem Worte nach, auf das Volk baut, rechnet mit seinen höheren Instinkten und beruft sich auf sie. Ein solcher Führer setzt seine Grundsätze klar und geduldig auseinander und erläutert sie. Seine Politik beruht auf Gerechtigkeit, auf Milde und will dem Besten des Volkes dienen; er wird niemals versuchen, ein Klassenbewußtsein zu erwecken, das dem Bewußtsein des niederen Volkes entgegen ist, noch weniger versuchen, eine Klasse gegen eine andere aufzuwiegeln. Er hört alle Teile an und handelt, wie sein Gewissen und seine Vernunft allein ihm diktieren. Der größte Triumph des amerikanischen Volkes besteht darin, einen solchen Führer hervorgebracht zu haben, und wachsend sein Andenken zu verehren. Es war Abraham Lincoln.

III.

Der Amerikaner und das Geistesleben.

> Die Kultur ist, nach dem Urteil einiger der besten
> Denker, der Hinweis, daß im Menschen viele verwandte
> Fähigkeiten liegen, durch welche die Gewalt der unver-
> ständlicherweise vorherrschenden Eigenschaften sich mildern
> kann, Fähigkeiten, die ihm im Kampfe gegen sich selbst
> helfen. Die Kultur stellt das Gleichgewicht wieder her,
> bringt den Menschen zusammen mit Seinesgleichen und
> mit Höherstehenden, weckt wieder das herrliche Gefühl der
> Sympathie, warnt aber auch vor Einsamkeit und abstoßendem
> Wesen.   Ralph Waldo Emerson

David Ramsay, ein bekannter Publizist und Schriftsteller aus
Süd-Carolina, hielt am 4. Juli 1778, dem Jahrestage der Unabhängigkeitserklärung, eine Gedächtnisrede, die erste dieser Art in den Vereinigten Staaten. In dieser Rede sagte er voraus, daß die Literatur
in Amerika zur vollen Blüte gelangen, und daß die amerikanische
Unabhängigkeit eine bedeutende Zeit einleiten würde, die sich besonders durch Ausbreitung und Fortschritt in den Wissenschaften
auszeichnen würde. Er wies darauf hin, daß ein bis dahin noch
unbekannter Eifer, das Wissen zu fördern, bereits damals überall
in den Vereinigten Staaten sich regte. Was ist nun geschehen? Wie
weit sind diese Prophezeiungen in Erfüllung gegangen?

Die Kulturbasis in Amerika. Nach allgemein gültigem Urteil
gehören die Vereinigten Staaten zu den aufgeklärtesten und kulti-
viertesten Ländern der Erde. Dies folgt jedoch keineswegs aus der
Verbreitung des Wohlstandes und des materiellen Wohlbefindens;
das wäre durchaus vereinbar mit einer höheren Kultur, die durch
Trägheit und Schlaffheit gekennzeichnet ist. Auch folgt dies nicht
aus dem freien und liberalen Charakter der politischen und wirtschaftlichen Einrichtungen des Landes; denn sie können zum Guten
und zum Schlechten angewendet werden. Dieses Urteil gründet sich
vielmehr auf die große Verehrung vor den hohen geistigen und
sittlichen Idealen, auf den nie versiegenden Glauben an die Macht
der Bildung, durch welche Glück, Tüchtigkeit und Tugend, sowohl
des einzelnen als auch der Nation, gefördert werden. Es ist fast

ein sokratischer Zug im amerikanischen Volk, wenn es dem Grundsatz huldigt, daß Wissen Recht, nützliche Taten und gute Verwaltung schafft. Die Geschichte hat viel dazu beigetragen, die von Sokrates gehegte Hoffnung zu zerstören, denn Wissen und Tugend sind sicherlich nicht miteinander zu verwechselnde Begriffe. Trotzdem haben die Amerikaner einen fast fanatischen Glauben an Bildung, weil sie fühlen, daß praktische Erfolge aus ihr entspringen werden. Diese erwarteten praktischen Erfolge hat in der Tat der Unterricht in weitem Maße gezeitigt, und wenn sie nicht auf die Spitze getrieben wird, ist die amerikanische Überzeugung von dem Werte der Bildung gut zu verteidigen.

Der Puritanismus als Grundlage. Hinter all diesem liegt der ursprüngliche Puritanismus, der dem amerikanischen Leben so viel von seinem Gepräge gegeben hat. Er ist verändert, verhüllt, von größerer Wärme durchzogen, aber er bleibt Puritanismus. Der Puritanismus schuf Neu-England, und Neu-England hat fast hundert Jahre hindurch einen großen Einfluß auf die Vereinigten Staaten ausgeübt. Wenn auch heute Neu-England isoliert und kleinstädtisch erscheint und seinen ursprünglichen Charakter durch die vielen irischen und französisch-canadischen Elemente der Bevölkerung verloren hat, so dürfen wir doch niemals vergessen, daß neu-englischer Puritanismus, gegründet auf dem Genfer Felsen, die sichere theologische und philosophische Grundlage bildet, auf welcher alles das gebaut ist, was im amerikanischen Leben und in amerikanischer Kultur das Unterscheidende ist. Keine Lebensphilosophie hat einen so großen Einfluß auf Amerika gehabt, wie die Lehre Johann Calvins. Daraus erklärt sich auch die Engherzigkeit und der Mangel an Verständnis gegenüber fremden Gebräuchen und Ansichten, die man häufig bei Amerikanern beobachten kann, das erklärt auch viel von der Bestimmtheit und der Energie des amerikanischen Charakters. Hingebung an die Pflicht um ihrer selbst willen und der Entschluß, ein Unternehmen zu Ende zu führen, einfach weil es unternommen ist, sind fast allen Amerikanern eigen und sind Beweise für die Beachtung der Calvinschen Lehre. Das Ideale hat den Amerikaner immer mehr beeinflußt als das Materielle, trotzdem er unverhohlen große Befriedigung zeigt, wenn ihm bei Verfolgung seiner Ideale materieller Gewinn zufließt.

Die großen Amerikaner. Obgleich die amerikanischen Verhältnisse für die Entfaltung der Persönlichkeit und ihrer Anlagen außerordentlich günstig gewesen sind, und obgleich der Durchschnitt des

Erreichten, wenn man die ganze Bevölkerung in Rechnung zieht, hoch ist, so sind doch Errungenschaften ersten Ranges, wenn man den Maßstab der Beurteilung der Welt an sie legt, nicht zahlreich in Amerika gewesen. Wenn im 18. und 19. Jahrhundert Umschau nach Geistesgrößen und Männern ersten Ranges gehalten werden würde, so würden wir in Amerika nur etwa zehn finden — ein immerhin nicht schlechtes Zeichen für ein noch so junges Volk —, dessen gewaltige wirtschaftliche und politische Aufgaben notwendigerweise die ersten Kräfte zu ihrer Ausführung brauchten, und die dadurch der Wissenschaft, Kunst und Literatur entzogen wurden. Nach meiner Ansicht würden es folgende zehn Männer sein: der Philosoph und Theologe Jonathan Edwards, Benjamin Franklin, der Vater seines Landes George Washington, der Staatsmann und Philosoph Alexander Hamilton, der Volksführer Thomas Jefferson, der Jurist John Marshall, der Redner und Publizist Daniel Webster, Abraham Lincoln, den Lowell so zutreffend „den ersten Amerikaner" genannt hat, der Lehrer der Religion und Moral Ralph Waldo Emerson und der Mathematiker und Physiker Willard Gibbs. Vielleicht sollte man auch noch den Historiker Francis Parkman und den Philologen William Dwight Whitney nennen. Von diesen zehn Männern sind Washington, Hamilton, Jefferson, Marshall, Webster und Lincoln unmittelbar durch die Not des Landes zu dem geworden, was sie waren, sie nehmen eine Stelle ein unter den Publizisten und Staatsmännern der Welt; Edwards, Franklin, Emerson, Gibbs — Parkman sowohl als auch Whitney — gehören mehr zu den nachdenklichen Naturen und müssen unter die Literaten, Philosophen und Männer der Wissenschaft, die sich eines Weltrufes erfreuen, gerechnet werden.

Kunst und Architektur. Große Denker, abgesehen von dem Gebiet der Politik, sind daher in geringer Zahl in Amerika zu finden, was nicht unnatürlich ist. Auch in den schönen Künsten, merkwürdigerweise mit Ausnahme der Architektur, sind die Amerikaner entweder freimütige Nachahmer oder ihre Leistungen bleiben weit hinter dem Vollkommensten zurück. Die Skulpturen von Saint Gaudens und die Glasmalereien von La Farge, zweier ausgezeichneter Künstler, bilden rühmliche Ausnahmen. In der Architektur hingegen liegt die Sache ganz anders. Richardson, Hunt und Mc Kim sind die Führer einer wichtigen Kunstbewegung in der Architektur. Die letzte Generation ist Zeuge einer bemerkenswerten Originalität, einer Erfindungsgabe geworden, die sich besonders in der glücklichen Ver-

bindung von Kunst und Technik gezeigt hat, und die den Beweis
für den wirklichen Besitz und die Herrschaft über eine wahrhaft
künstlerische Einbildungskraft liefert.

Kunst schöpft Nahrung aus künstlerischen Gegenständen.
Man kann daher noch viel von den bedeutenden Gemälde= und
Skulpturensammlungen, den Sammlungen aller möglichen Kunst=
gegenstände erwarten, die jetzt mit großem Eifer in den großen
Museen in New York, Boston und Chicago, in kleinerem Maßstab
auch an anderen Orten zusammengebracht werden, ebensoviel auch
von den bedeutenden Privatsammlungen, die sich auf das ganze Land
verteilen.

Wissenschaftliche Tätigkeit. Wissenschaftliche Forschung und die
Anwendung wissenschaftlicher Entdeckungen auf Industrie und
Kunst werden in Amerika eifrig und mit bemerkenswertem Erfolg
gepflegt. Die Universitäten haben der neuen wissenschaftlichen Be=
wegung gern ihre Tore geöffnet, die Regierung hat sie bereitwilligst
und auf manche Weise großmütig unterstützt. Die Vereinigten
Staaten können heute fast auf jedem Gebiet wissenschaftlicher
Forschung Vertreter stellen, deren Arbeiten überall anerkannt
sind und dem wissenschaftlichen Fortschritt gedient haben, und die
an Bedeutung ihren Kollegen in anderen Ländern nicht nachstehen.

Die Philosophie und die theoretischen Wissenschaften. De
Tocqueville hat die Ansicht ausgesprochen, daß allein schon die
Struktur einer demokratischen Gesellschaft für philosophische Be=
trachtungen ungeeignet, ja ihr sogar feindlich ist. Das trifft sicher=
lich zu, wenn man seine Beobachtungen und seine Aufmerksam=
keit auf eine in der Entstehung begriffene demokratische
Gesellschaft richtet. Der Drang nach Macht und der Kampf um
Gewinn, die unaufhörliche Unruhe, welche mit der wirtschaft=
lichen und politischen Organisation verbunden ist, die Übertragung
der zugrunde liegenden Grundsätze ins Praktische, die Neuheit
der Lebensbedingungen, all das lenkt die Aufmerksamkeit auf
die äußeren Verhältnisse und macht die Reflektion zu einem
unmöglichen Luxus. Nur ein Hegel konnte bei dem Donner der
Geschütze von Jena ungestört seine tiefsinnigen Betrachtungen fort=
setzen. Aber, nachdem ein demokratischer Zustand der Gesellschaft
sich ausgebildet hat und Traditionen festgelegt sind, scheint kein Grund
vorhanden zu sein zu dem Glauben, daß Reflektion und Meditation
nicht auch die herrschende Stellung einnehmen sollten, welche sie
stets unter zivilisierten Menschen gehabt haben. Sicherlich recht=

fertigt die Geschichte der amerikanischen Universitäten diese Erwartung.
Die Philosophie ist heute und schon seit längerer Zeit eines der be-
liebtesten Studienfächer an den amerikanischen Universitäten und
Colleges. Die Dozenten der Philosophie an der Columbia-, Harvard
und California- Universität haben sowohl durch ihren Ruf als auch
durch ihre fruchtbare Tätigkeit die allgemeine Aufmerksamkeit
auf diese Universitäten als Zentren für philosophische Studien
gelenkt. Auch dem Studium der theoretischen Nationalökonomie
des Rechts, der Mathematik, Physik, Biologie und anderer natur-
wissenschaftlicher Disziplinen liegen viele Studenten in Amerika ob
und mit der Zeit müssen auch diese Studien Früchte tragen. Epoche
machende Entdeckungen auf dem Gebiet der Naturwissenschaften
oder hochbedeutende philosophische Werke sind jedoch nicht häufig
zu verzeichnen. Ganz Griechenland brachte nur einen Plato und einen
Aristoteles hervor, und es war eine schmerzliche Lücke von Descartes
und Newton bis zu Laplace.

Stellung der Reflektion im amerikanischen Leben. Philosophische
Betrachtungen und Studien werden in den Vereinigten Staaten
in dem Maße an Einfluß und Bedeutung gewinnen, wie das Volk
im ganzen unterscheiden lernt zwischen Aufsehen erregenden Taten
und zwischen solchen, die wirklich der Allgemeinheit dienen, zwischen
vorübergehender Popularität und dauerndem Wert. Die große
Masse in einer Demokratie braucht natürlich Zeit, um diese Lehre
zu lernen. Sie ist sich ihrer Macht bewußt, sie ist nicht daran gewöhnt
etwas zuerst zu erwägen, sie empfindet den Druck der augenblicklichen
unvermeidlichen Verhältnisse und ist schnell dabei, einem Führer
zu folgen, der entweder durch seine Persönlichkeit oder durch seine
Taten ihre Sympathie erworben hat und in ihr die meisten Hoffnungen erweckt. Popularität ist der Weg zu augenblicklicher Macht
aber es ist ein gefahrvoller Weg für den Führer sowohl als auch
für die, welche er führt. Zeitweilige Popularität kann nicht als
Beweis für die Größe eines demokratischen Führers gelten. Wer
Glauben an eine Demokratie hat, muß vielmehr die Grundsätze
auf denen die Einrichtungen eines Volkes beruhen und ihre
ordnungsmäßige und gleichmäßige Entwicklung und Anwendung
beachten. Der jüngste Biograph Alexander Hamiltons
sagte mit sicherem Blick: „Wer niemals anderer Meinung ist
als seine Landsleute, wer immer der Unpopularität als der
schlimmsten aller Übel ausweicht, wird niemals alte Gebräuche eines kräftigen Volkes umgestalten können, wenngleich

er sich eine kleine Zeitlang Geltung verschaffen kann."[1]) In ähnlichem Sinne hat sich ein zeitgenössischer Staatsmann von der hohen Warte ausgezeichneter, in wichtiger Stellung geleisteter öffentlicher Dienste aus geäußert: „Es kommen in unserer demokratischen Zeit häufig Verhältnisse vor, unter denen ein Staatsbeamter seinem Lande den größten Dienst dadurch erweist, daß er sich mit der öffentlichen Meinung in Widerspruch setzt. Wenn er fühlt, daß er recht hat, so ist es seine Pflicht und Schuldigkeit, so zu handeln, ganz besonders bei Fragen, über welche die öffentliche Meinung schlecht unterrichtet ist."[2])

Popularität gegenüber wirklichem Wert. Eine Mehrheit hat kein moralisches Gewicht dadurch, daß sie eine Mehrheit ist, obgleich sie, wenn sie es will, ihren Ansichten durch brutale Gewalt Nachdruck verleihen kann. Eine Mehrheit hat moralisches Gewicht nur dann, wenn das Recht auf ihrer Seite liegt. Eine Demokratie lernt diese unschätzbare Lehre nur, wenn sie zuerst gelernt hat, auf gewohnheitsmäßige Überlegung Gewicht zu legen.

Erziehungsarbeit. Die ausgedehnte und unaufhörliche Tätigkeit auf dem Gebiet des Bildungswesens in den Vereinigten Staaten, die ständige und freigiebige Unterstützung literarischer und wissenschaftlicher Unternehmungen aller Art, die immer wachsende Achtung, die denen gezollt wird, die mit wissenschaftlicher Autorität sprechen, — das alles sind Anzeichen dafür, daß im Grunde das amerikanische Volk des Glaubens ist, die Reflektion sei ein besserer Führer durchs Leben als leidenschaftliches Verlangen. Der Demagoge wird immer denen, die auf ihn hören wollen, sagen, daß die Stimme des Volkes Gottes Stimme sei, daß es besser sei, den Instinkten und dem gesunden Menschenverstande der Massen zu folgen, um politische und wirtschaftliche Probleme zu lösen, als der Leitung von Erfahrenen oder als die Erfahrungen anderer Nationen sich zunutze zu machen. Das hindert ihn aber nicht, seine eigenen Kinder in die Schule zu schicken, um die Anfangsgründe der Weltweisheit zu erlernen, — und die, welche seiner falschen Lehre Beifall zollen, machen es ebenso. Der Demagog ist ein Übergangsprodukt der Demokratie, nicht ihre Frucht.

Höhere Bildung. Charakter und Einfluß der Universitäten eines Landes sind wohl die sichersten Anzeichen dafür, daß ein modernes

---

1) Oliver, Alexander Hamilton, S. 436.
2) Earl of Cromer, Modern Egypt, I, p. 438.

Volk sich immer bewußter durch Überlegung als durch zeitweilige Regungen leiten läßt. Wenn die Universitäten an der Seite des Volkes stehen, wenn sie dem Volke dienen und es auf alle mögliche Weise vertreten, wenn ihre Schüler gut vorgebildet sind und sich in geistiger Reise ernstlich dem Fortschritt der Wissenschaften widmen, wenn ihre Schüler sich weitherzig aus allen Schichten der Bevölkerung zusammensetzen, und wenn wir in den Berufen der Richter, Ärzte, Geistlichen, Lehrer und Ingenieure vorzugsweise Männer finden, die ihre Vorbildung auf Universitäten erlangt haben, dann bewegt sich sicherlich das Volk auf aufsteigender Linie, läßt sich in persönlichen und Regierungsfragen immer weniger von Impulsen und leidenschaftlichem Begehren leiten, als von Überlegung und Erfahrung. Daß das von den Vereinigten Staaten zutrifft, kann nicht bezweifelt werden.

Die Geschichte der amerikanischen Universitäten ist einzigartig und sehr lehrreich. Es gibt vielleicht 12 bis 15, und sie sind alle ausnahmslos neuere Anstalten. Sie haben sich nach dem Muster der deutschen Universitäten, die den Ansporn gegeben, aus dem amerikanischen College entwickelt, das seinerseits wieder, unter Anpassung an die Verhältnisse der Neuen Welt, sich aus dem englischen Oxford und Cambridge des 17. und 18. Jahrhunderts entwickelt hat. In Europa hat die gewöhnliche formale Bildung drei Stufen, die Stufen des Elementar-, mittleren und höheren oder Universitäts-Unterrichts. In Amerika unterscheidet man vier anstatt drei Stufen. Es sind dies die Elementarschule, die Mittelschule, das College und die Universität. In Amerika schließt sich die Mittelschule direkt an die Elementarschule an, es sind nicht wie in den europäischen Ländern zwei ganz getrennte Einrichtungen. Das amerikanische College hingegen übernimmt zwei Jahre der Mittelschule, des Gymnasiums, Realgymnasiums oder der Realschule, wie z. B. diese Anstalten in Deutschland genannt werden. Die amerikanische Mittelschule hat unter normalen Verhältnissen einen vierjährigen Lehrkursus, desgleichen das College.

Das amerikanische College. Das College ist der Mittelpunkt und die Grundlage aller höheren Bildung in Amerika. Das war es, ist es und wird es hoffentlich auch bleiben. Das amerikanische College vertritt wirksam das alte traditionelle Bedürfnis nach allgemeiner Bildung, dem wir zuerst im Mittelalter an der Universität in Paris in der facultas artium begegnen, und das sich über Oxford und Cambridge in der kolonialen Zeit nach Amerika

verpflanzte. Dem Namen nach gibt es in den Vereinigten Staaten
mehrere Hundert Colleges, aber die Zahl der Anstalten, welche diesen
Namen wirklich verdienen, beschränkt sich auf 100, vielleicht 120
Sie verteilen sich über das ganze Land, sie sind in jedem Staate
zu finden. An ihrem Unterricht nehmen alljährlich Tausende junger
Amerikaner teil, sie beeinflussen sie, und schicken sie nun mit ge=
weitetem Blick in die Welt, um ihren Platz auszufüllen, sie,
deren Ansichten und Charaktere unter dem persönlichen Einfluß
tüchtiger, wissenschaftlicher Lehrer sich gebildet haben. Die Fächer,
die in der Regel an den Colleges gelehrt werden, sind: Griechisch,
Latein, Englisch, Französisch, Deutsch, Geschichte, Volkswirtschafts=
lehre, Philosophie, Mathematik, Physik, Chemie und Biologie.
Das College verleiht beim Abgang den Schülern den Bachelor=Grad
Mit 21—23 Jahren tritt dann der junge Student entweder ins
praktische Leben oder er geht auf eine Universität, um dort weiteren
allgemeinen oder Berufsstudien obzuliegen.

Die Beliebtheit des College in Amerika, die außerordentlichen
Opfer, die viele Eltern bringen, um ihren Kindern die Vorteile einer
College=Bildung zuteil werden zu lassen, die Tatsache, daß die
College=Schüler sich wirklich aus allen Klassen der Bevölkerung
zusammensetzen, der Einfluß, den College=Gebräuche, =Ideale und
=Vereinigungen auf das spätere Leben haben — all das beweist
nur, wie hoch Gelehrsamkeit und geistige Arbeit von dem
amerikanischen Volke geschätzt werden Zu dem Maße wie die
Zahl derer, Männer wie Frauen, steigt, welche die Vorteile
eines College=Aufenthaltes und =Unterrichts genossen haben, wird
die Nation in kurzer Zeit eine einflußreiche Bürgerschaft erhalten,
die den Erfolgen der Geistesarbeit Achtung zollt und ihnen Ver=
trauen entgegenbringt. Diese Männer und Frauen werden von
nachhaltigem, fast unschätzbarem Einfluß bei den vielen schwierigen
Problemen sein, die sich der inneren Entwicklung und der Wohl=
fahrt des Volkes entgegenstellen werden. Lord Palmerston
hat einmal mit seinem beißenden Witz gesagt, daß, wenn etwas
Wissen eine Gefahr bedeutet, gänzliche Unwissenheit eine noch
größere ist. Einer großen Zahl amerikanischer Jünglinge und
Mädchen eine gewisse allgemeine Bildung zu vermitteln ist die Auf=
gabe, die sich das amerikanische College gestellt und im ganzen mit
Erfolg gelöst hat.

Die amerikanischen Universitäten. Während die Anfänge des
amerikanischen College bis in die erste Hälfte des 17. Jahrhunderts

zurückgehen, sind die amerikanischen Universitäten erst Erscheinungen
der letzten 40 Jahre. Auch hier muß, wie bei den Colleges, Name und
Sache von einander geschieden werden. Da in den Vereinigten Staaten
Unterrichtsanstalten entweder von der Regierung eines Staates
oder von Städten eingerichtet und unterhalten werden, oder ohne
besondere staatliche Unterstützung und Aufsicht auf Grund eines
allgemeinen oder besonderen Rechtes bestehen können, so führen
viele Anstalten den Namen Universität, ohne irgendwelche Gewähr
zu bieten. Daher ist dem Namen nach die Zahl der Universitäten
sehr groß. Die wirklichen Universitäten werden in Europa wie in
Amerika gleich leicht herauserkannt, und nur von diesen kann man
als den amerikanischen Universitäten sprechen.

Im großen und ganzen sind die amerikanischen Universitäten
nach deutschem Muster eingerichtet. Man hat natürlich dieses
Vorbild den Bedürfnissen des amerikanischen Lebens und den
Gewohnheiten in der amerikanischen Verwaltung angepaßt. Und
mit geringen Ausnahmen haben sich diese Universitäten aus Colleges
entwickelt und behalten nebenbei noch immer die Colleges als Teil
ihrer Organisation und ihrer Arbeit. Der Name Universität wird
in Amerika in zweierlei Bedeutung gebraucht Er dient entweder
zur Bezeichnung der gesamten Unterrichtstätigkeit einer Anstalt,
die mit Recht Universität heißt, oder er dient zur Bezeichnung der
wissenschaftlichen Forschungsarbeit und der Berufsausbildung
an einer solchen Anstalt, zum Unterschied von der College- oder
»undergraduate«-Bildung, die diese Anstalt auch vermittelt.
Diese Unsicherheit in der Benennung ist eine wirkliche Schwierigkeit, sowohl für Ausländer, die das amerikanische Unterrichts-
system verstehen und schätzen zu lernen wünschen, als auch für
Amerikaner selbst. Es erschwert ungemein einen klaren Überblick
über Colleges und Universitäten und ihre Tätigkeit, und es entspricht nur der Wahrheit, wenn man sagt, daß selbst oft intelligente
Amerikaner von dieser Verwechslung der Namen und Dinge ganz
verwirrt werden.

Als Hauptaufgabe fällt den Universitäten die Förderung
wissenschaftlicher Arbeit und Veröffentlichungen auf allen Gebieten der Geistes- und Naturwissenschaften zu, die Ausbildung von Männern und Frauen zu wissenschaftlichen For-
schern, die Ausbildung von Lehrern der höheren Anstalten, von
zukünftigen Juristen, Ärzten, Ingenieuren und Architekten. Wegen
ganz besonders eigenartiger Verhältnisse in der amerikanischen

sozialen und politischen Geschichte sind die Geistlichen bis heute fast ausschließlich nicht auf Universitäten, sondern auf Seminaren vorgebildet worden, die von verschiedenen religiösen Körperschaften unterhalten werden. Die Zeit wird allerdings vermutlich bald kommen, daß die Geistlichen von dieser Beschränkung und diesem Nachteil befreit werden, und daß die größten Universitäten entweder theologische Fakultäten haben oder theologische Seminare mit sich verbinden werden.

Den Gemeinden, oft auch der Regierung selbst, leisten die Universitäten wertvolle und nützliche Dienste. Sie sind unermüdlich, Wege anzugeben, durch die ihr Einfluß vergrößert wird, Mittel und Wege zu finden, durch die einer großen Zahl der erwachsenen Bevölkerung eine allgemeine Bildung in Literatur, Kunst und Naturwissenschaft vermittelt wird.

Der sittliche und geistige Einfluß der Universitäten und ihrer Gelehrten ist sehr groß. Die Universitäten selbst werden großmütig und freigebig unterstützt. Einige Universitäten, besonders die der westlichen Staaten, werden hauptsächlich aus Staatsmitteln, andere wieder — es sind im besonderen die der östlichen Staaten — durch Stiftungen oder Legate, die von einzelnen Persönlichkeiten ausgesetzt sind, unterhalten. Die wissenschaftliche Bedeutung der Gelehrten der amerikanischen Universitäten ist durchschnittlich recht hoch. Jährlich werden Hunderte von wissenschaftlichen Arbeiten auf den verschiedensten Gebieten veröffentlicht, von denen nicht wenige den Durchschnittswert übersteigen.

Während die amerikanischen Colleges ursprünglich und auch zum größten Teil heute noch in Dörfern, kleineren oder mittleren Städten gelegen sind, blühen die Universitäten in den großen Zentren der Bevölkerung. Der Grund dafür liegt auf der Hand. Paris, Berlin und Kopenhagen liefern die Beweise. Kardinal Newman sagte einmal, daß eine große Stadt, besonders eine Hauptstadt, sich außerordentlich gut für eine Universität eigne. Mit unwiderstehlicher Gewalt werden dorthin alle die Persönlichkeiten gezogen, vereinigen sich dort alle die Einflüsse, welche, ebenso direkt wie formale Bildung, den Geist des jungen Studenten bilden helfen, der die allerersten Stufen seiner Ausbildung bereits erklommen hat. Dort findet man die großen Bücher- und Kunstsammlungen, dort Gelegenheit, die besten Dramen zu sehen und die beste Musik zu hören. Dort kann man die Männer hören oder sehen, die entweder ihren ständigen Wohnsitz dort haben oder nur vorübergehend dort weilen, die führenden Geister im Leben der Welt, die die öffentliche Meinung gewaltig beeinflussen und leiten. Dies erklärt auch, warum das kräftigste und erfolgreichste amerikanische Universitätsleben sich in New York und Chicago, in den Vororten Bostons und San Franciscos entwickelt.

Der Zug nach der Stadt in Amerika. Unter den modernen Lebens- und Arbeitsbedingungen wird die Bevölkerung der Vereinigten Staaten mit zunehmender Schnelligkeit in die Städte getrieben, welche nach der Volkszählung in den Vereinigten Staaten allgemein als Gemeinden mit einer Einwohnerzahl von 8000 oder mehr bezeichnet werden. Das bedeutet, daß nicht allein das Universitätsleben, sondern jede Tätigkeit in Amerika sich immer mehr in den Städten konzentriert. Bei der ersten Volkszählung in den Vereinigten Staaten, 1790, wohnten nur etwa 130 000 Personen, das sind 3,3 % der Gesamtbevölkerung in Orten, die mehr als 8000 Einwohner hatten, und deren gab es nur sechs im ganzen Lande. Bei der zwölften Volkszählung im Jahre 1900 wohnten 25 Millionen, das sind über 33 % der Gesamtbevölkerung, in Orten mit mehr als 8000 Einwohnern, und deren gab es nicht weniger als 545. Zu derselben Zeit gab es 38 Städte mit mehr als 100 000 Einwohnern. Die freie Postbestellung in den Landbezirken, die wachsende Ausdehnung des Landtelephon-Systems und die ständige Verbesserung der Landwege, das alles trägt dazu bei, das Guts- und Landleben angenehmer zu gestalten, es weniger einsam zu machen; und trotzdem hält der Zug nach der Stadt an.

Dieses Wachsen der großen Städte hat sich wunderbarerweise vollzogen, ohne daß sich das Bevölkerungszentrum im Breitengrade, auf dem es bei der ersten Volkszählung gelegen, verschoben hätte. Zu jener Zeit lag es 23 Meilen östlich von Baltimore, genau nördlich vom 39. Breitengrade. Von diesem 39. Breitengrade — ungefähr demselben, auf dem Lissabon und Palermo liegen — hat es sich niemals um mehr als wenige Meilen nach der einen oder anderen Richtung entfernt, obwohl es sich 520 englische Meilen nach Westen verschoben hat, und im Jahre 1900 lag es in der nächsten Nähe der Stadt Columbus, Indiana. Die Bevölkerung hat sich in der Spanne Zeit von etwas mehr als einem Jahrhundert, die seitdem vergangen ist, viel mehr in die Städte und nach dem Westen gezogen; dennoch verteilten sich die 75 500 000 Einwohner im Jahre 1900 auf beide Seiten des 39. Breitengrades genau wie die 4 000 000 Einwohner im Jahre 1790.

Dieser Zug hat die Geschichte des Volkes mächtig beeinflußt und seiner Kultur und seiner öffentlichen Meinung ein Siegel aufgedrückt. Wer die herrschenden, charakteristischen Eigenschaften, wer die Kultur des Landes kennen lernen will, der muß, er mag sonst von den Vereinigten Staaten sehen was er will, die größte Stadt, New York, und den Westen besuchen.

New York als nationale Metropole. Die höchste Kultur, Kunst, Literatur und angewandte Wissenschaft, Verfeinerung der Lebensgewohnheiten ruht wie das Leben selbst auf wirtschaftlicher Grundlage. Geistige Regsamkeit ist eine unmittelbare Folge des Wohlstands und einer für den Handel günstigen Lage. Das war in der alten Welt, das war im Mittelalter wahr und ist es noch heute. Die Kunst, den Reichtum recht anzuwenden, folgt dem Besitz des Reichtums, geht ihm aber nicht voran. New York ist die geistige wie auch die soziale Hauptstadt der Vereinigten Staaten, wie sie auch der finanzielle Mittelpunkt für die Nation ist. Die gewisse unverkennbare Kontinuität in der Geschichte New Yorks hat durch seine ungeheure Masse Ausländer nicht aufgehalten werden können, seitdem durch die Eröffnung des Erie-Kanals und durch den Bau der Eisenbahnen die kommerzielle Führerschaft New Yorks gesichert wurde.

Im Auslande gilt allgemein die ganz oberflächliche Ansicht, daß Washington die politische, New York die Handelshauptstadt und Boston der geistige Mittelpunkt im amerikanischen Leben sei. Das kleine Körnchen Wahrheit, das dieser Charakterisierung zugrunde liegt, verbirgt manchmal ihre tatsächliche Unrichtigkeit. Washington ist der Sitz der Regierung, aber Washington ist weit davon entfernt, eine Hauptstadt wie etwa London, Paris oder Berlin zu sein. Es nimmt von Jahr zu Jahr mehr die Eigenschaften einer wirklichen Hauptstadt an, und es kann wohl die Zeit kommen, wo Washington eine Metropole sein wird, sowie Sitz der Regierung. Solange der Handel in Boston blühte, stand Boston auch an der Spitze des geistigen Lebens, bis dann durch die Erschließung der großen Weststaaten der politische und geistige Schwerpunkt des Volkes verlegt wurde. Seit dem Bürgerkriege (1861—65) hat Boston relativ sowohl als auch absolut an geistiger Bedeutung verloren.

Hingegen hat New York immer mehr an Bedeutung gewonnen. Die Mitglieder der Century, Players und Authors Clubs schließen einen erstaunlich großen Teil begabtester Vertreter der Nation auf allen Gebieten der Kultur ein. Schriftsteller, Künstler,

Forscher, Gelehrte jeder Art werden von dem kosmopolitischen, regen geistigen Leben New Yorks in immer größerer Zahl angezogen und von der freundlichen Kritik neu angeregt. New York bietet tatsächlich befähigten Männern zahllose Gelegenheiten zur Betätigung. An der Columbia-Universität vereinigt sich mit das größte Gelehrtenkollegium der Welt, in dem kunst- und naturwissenschaftlichen Museum besitzt New York zwei ausgezeichnete und wertvolle Kunst- und wissenschaftliche Sammlungen. Seit vielen Jahren bildet es einen Mittelpunkt ersten Ranges für die Musik. Es ist universal in seinem Geschmack und zollt allem Vortrefflichen mit einer Wärme und Freimütigkeit Beifall, daß es fast schon ein Fehler ist. Entgegen einer allgemein verbreiteten Annahme hat New York unter seinen Bürgern viele, die sich von ihren gewinnbringenden Beschäftigungen abgewendet haben, um sich der Laufbahn eines Lehrers, Schriftstellers, Künstlers oder Gelehrten zu widmen und so ihrer inneren Neigung zu folgen.

New York ist so groß und so vielseitig, und sein geistiges Leben ist so weit ausgedehnt, daß es auf einen durchreisenden Fremden viel weniger Eindruck macht als das unbedeutendere aber konzentriertere geistige Leben eines kleineren Ortes. Die gewöhnlichen und absonderlichen Geschichten, welche manchmal im Auslande als für New York charakteristisch ausgegeben werden, sind ebenso selten, als sie unerfreulich sind, und durchaus keine Beweise gegen das gebildete, geistig angeregte soziale Leben, wovon New York soviel aufzuweisen hat.

Der Westen. Der Westen ist eine ungenaue Bezeichnung, man versteht darunter teils die geographische Lage, teils die politischen und teils die sozialen Verhältnisse. Im allgemeinen versteht man unter dem Westen die Bevölkerung Ohios und der westlich davon bis zu dem Felsengebirge sich anschließenden Gebiete und die der südlicher gelegenen Gebiete von Missouri, Kansas und Colorado. In den Händen dieser Bevölkerung liegt der politische Schwerpunkt der Vereinigten Staaten. Im Vergleich zu der Macht und dem Einfluß, den New York hat, wird der Westen stets bei weitem überlegen sein.

Die Verschiedenheiten zwischen sich und der Bevölkerung der östlichen Staaten zu übertreiben, ist der Westen sehr geneigt. In Wirklichkeit liegen die Verschiedenheiten viel mehr in der Art des Ausdrucks und in den Gewohnheiten als in der Gesinnung selbst. Der Westen hat weniger den Wunsch, sich konventionellen Formen anzupassen als der

Osten und die vertrauliche Art seines Verkehrs hat noch etwas von den Gewohnheiten eines Volkes aus der Zeit der ersten Pioniere an sich. Die Bewohner des Westens sind stolz, sehr ernst, sehr rechtlich und im höchsten Grade ehrgeizig für ihre Kinder. Sie sind eifrige Leser der besten Bücher und der besten Zeitschriften. Aus ihrer Mitte sind hervorgegangen und gehen noch ständig so ausgezeichnete Schriftsteller und Gelehrte hervor, wie sie nur ein Land haben kann. Sie sind über Menschen und Verhältnisse des Auslandes gut unterrichtet und haben ein freies Urteil über sie. Das beste kritisch-literarische Blatt des Landes, The Dial, erscheint in Chicago, und eine der besten Wochenschriften, The Argonaut, wird in San Francisco herausgegeben. Die Universitäten des Westens zählen zum Teil zu den besten und rührigsten des Landes.

New York kennen zu lernen und den Geist des Westens zu verstehen ist deshalb unerläßlich zum Verständnis amerikanischer Gesittung und amerikanischer Kultur.

Der Süden. Der einstmals die Politik der Vereinigten Staaten beherrschende Süden hat seit dem Ende des Bürgerkrieges ein Leben für sich geführt, teils infolge des Krieges selbst und wegen seiner unmittelbaren politischen und wirtschaftlichen Folgen, teils infolge der ungeheuer schwierigen sozialen Aufgabe, vor die er durch die Negerfrage gestellt wurde. Ein neuer industrieller Aufschwung beseitigt aber schnell die durch den Bürgerkrieg entstandenen wirtschaftlichen Nachteile, und die Zeit ist sicherlich nicht fern, wo auch die politischen Folgen in gleichem Maße verschwinden werden. Nur mit Vertrauen, Geduld und Mut ist die Negerfrage zu lösen, und nach diesen Grundsätzen handelt jetzt auch verständigerweise der Süden. Der Süden ist durchaus amerikanisch, und sein gesellschaftliches Leben spiegelt einen Reiz und eine Anmut, die ihm ganz eigentümlich sind. Die Zeit wird kommen, da der Süden auch an dem Ausbau des Geisteslebens in Amerika vollen Anteil haben wird.

Die Abhänge am Stillen Ozean. Die Bewohner der Gegenden jenseits der Felsengebirge, die Bevölkerung der Staaten an den Abhängen des Stillen Ozeans haben viel mehr Eigenschaften mit den östlichen als mit den westlichen Staaten gemein. Ihre Kultur ruht auf so gediegenen Grundlagen, ihre geistige Regsamkeit ist so groß, ihre Beiträge auf dem Gebiete der Wissenschaft, Kunst und Literatur sind so wesentlich, daß man gar nicht glauben kann, daß diese Staaten noch so jung sind.

Die englische Sprache in Amerika. Die Amerikaner bilden jetzt den wesentlichen Bestandteil der englisch sprechenden Völker in

der Welt Ihre englische Sprache ist trotz der großen Zahl der Bevölkerung und trotz des großen Gebiets, auf das sie sich verteilt,
viel einheitlicher, als die der Bewohner Englands selbst. So groß
wie die Unterschiede im Tonfall, in der Betonung und im Wortschatz
zwischen einem Bewohner Yorkshires und Cornwalls, oder zwischen
einem Bewohner Westmorelands oder Devons sind, sind sie in den
gesamten Vereinigten Staaten nicht. Viele der sogenannten
Amerikanismen sind nur Reste des Sprachgebrauchs des 16. und
17 Jahrhunderts, die im Mutterlande ganz verschwunden sind Die
übertrieben schleppende Sprechweise vieler Engländer ist ebensowenig gutes Englisch wie das Näseln des ungebildeten Amerikaners. Die Reinheit der Sprache muß durch die gebildeten Klassen
und durch die Dichter und Schriftsteller erhalten werden, und das
ruht diesseits wie jenseits des Atlantischen Ozeans in sicheren Händen
Die Tatsache, daß vor Erscheinen des gewaltigen Wörterbuchs,
das jetzt im Verlage der Universitätsbuchdruckerei von Oxford
erscheint, die besten neueren Wörterbücher der englischen Sprache
Arbeiten amerikanischer Gelehrter waren, ist nicht bedeutungslos

Den reichsten und elegantesten Prosastil haben in der neuen
Zeit die Mitglieder der französischen Akademie und die englischen
Gelehrten geschrieben, die ihre Ausbildung unter den klassischen
Traditionen von Oxford und Cambridge genossen haben. Es gibt nur
wenige Amerikaner, die so gut schreiben, wie jene und wenn in den
amerikanischen Colleges und Universitäten die klassische Tradition
immer schwächer wird oder gar verschwindet, so wird ihre Zahl
noch kleiner werden Es kommt nur ganz gelegentlich einmal vor,
daß ein Buch in Amerika von hervorragendem wissenschaftlichen Wert
und dabei in guter Sprache geschrieben ist. Wenn es dies beides in
sich vereinigt, so findet es Leser und hat sowohl in Europa als in
Amerika sehr bald Einfluß auf die öffentliche Meinung.

Amerikanische Literatur. Um New York und Boston herum
gruppieren sich die literarischen Größen. Irving, Cooper, Bryant,
Poe, Curtis und Stedman gehören nach New York, Whittier,
Longfellow, Hawthorne, Emerson, Holmes und Lowell nach Boston
Whitman gehört weder hier- noch dorthin und mit ihm noch die
wenigen aus dem Süden, dem Westen und den Abhängen des
Stillen Ozeans, deren Namen hier zu nennen wären. Poe war
unter diesen der erste, der europäischen Ruf erlangte. Poe und
Whitman werden in anderen Ländern am meisten gelesen und be-
wundert. Diese Schriftsteller und noch andere weniger bedeutende

haben ganz wesentlich im 19. Jahrhundert die Literatur der englischen Sprache bereichert.

Genug ist nun wohl gesagt worden, um die Verheißungen David Ramsays in gehörigem Maße zu rechtfertigen. Wenn die Geschichte des Geisteslebens Amerikas noch nicht berühmt ist, so ist sie doch voll Würde, Ernst und Bedeutung. Nicht politische Streitigkeiten noch wirtschaftliche Kämpfe, die dieses neue Volk in einem neuen Lande zu bestehen hatte, haben die allen Menschen innewohnende Neigung unterdrücken können, ihre Ansichten, ihre Hoffnungen, ihre Betrachtungen, sei es in Wissenschaft, Kunst oder Literatur zum Ausdruck zu bringen. Die Hingabe des Amerikaners an die Bildung, sein Eifer und seine Freigebigkeit, die er dafür an den Tag legt, ist ganz ohne Beispiel. Das Geistesleben hat in Amerika eine Heimat, und seine Macht und sein Einfluß werden stetig zunehmen.

Der typische Amerikaner. Wer ist nun der Amerikaner, der trotz seiner Fehler und der ihm gesteckten Grenzen so viele ausgezeichnete Charakterzüge und eine so vornehme Gesinnung hat? Es ist nicht der, der schnell reich geworden, sich vor aller Blicken auf rohe Art vergnügt; es ist nicht der prahlende Philister, der nichts von der Kultur der Welt weiß und alles, was er nicht kennt, verachtet. Es ist nicht der Wüstling der großen Städte, der sein väterliches Erbe in einem frivolen, ausschweifenden Leben verpraßt. Alle diese Leute sind natürlich in Amerika vorhanden; aber ihr offenkundiges Auftreten steht glücklicherweise in keinem Verhältnis zu ihrer Zahl. Der echte Amerikaner ist der, welcher — ob arm, ob reich, ob er im Norden, Süden, Osten oder Westen des Landes wohnt, ob er Gelehrter ist, ob er einen bestimmten Beruf ausübt, ob er Kaufmann, Fabrikant oder Landwirt ist, ob er als tüchtiger Handwerker in Lohn steht, — das Leben eines guten Bürgers lebt, und der ein getreuer Nachbar ist, der von ganzem Herzen und mit aller Treue an den Einrichtungen seines Landes hängt und an den Grundsätzen festhält, auf denen diese Einrichtungen aufgebaut sind, der sein persönliches Leben und sein Leben in der Öffentlichkeit von gesunden Grundsätzen leiten läßt, der hohe Ideale pflegt, und der danach trachtet, seine Kinder zu einem nützlichen Leben zu erziehen zum Wohle des Landes. Das sind die Amerikaner, von denen ich spreche, nicht jene gelegentlichen und ungewöhnlichen Typen. Und glücklicherweise, von jenen gibt es viele Millionen in den Vereinigten Staaten.

Alexander Hamilton.[1]

Die Staatsbank.

Dem Repräsentantenhause vorgelegt am 14. Dezember 1790.

Finanzministerium, den 13. Dezember 1790.

Gemäß dem Auftrage des Repräsentantenhauses vom 9. August dieses Jahres, der den Finanzminister ersucht, für heute eine weitere Verordnung, die nach seiner Meinung zur Herstellung des Staatskredites notwendig ist, auszuarbeiten und darüber zu berichten, erstattet der Finanzminister ehrerbietigst folgenden Bericht:

Seine Aufmerksamkeit war (wie in dem beifolgenden Bericht vorgeschlagen ist)[2], aus der Überzeugung, daß eine Staatsbank eine Einrichtung von höchster Wichtigkeit für die gedeihliche Verwaltung der Finanzen ist und von größtem Nutzen bei dem Verfahren, das zur Erhaltung des Staatskredites beiträgt, sein würde, darauf gerichtet, den Entwurf solcher Einrichtung in einem Maßstabe zu ersinnen, der ihr ein Recht auf das Vertrauen des Publikums geben und sie wahrscheinlich zu allen Erfordernissen befähigen wird

Ehe er auf die Einzelheiten dieses Entwurfes eingeht, bittet er um die Nachsicht des Hauses für einige einleitende Erwägungen, die sich natürlich aus dem Gegenstand ergeben, und die, wie er hofft, weder als unnütz noch unangebracht werden erachtet werden. Da die öffentliche Meinung der letzte Richter jeder Regierungsmaßnahme ist, so kann es mit Rücksicht darauf kaum unangebracht erscheinen, die Entstehung irgendeines neuen Vorschlages mit Erklärungen zu begleiten, die die bessere Kenntnis derer, an die er direkt gerichtet ist, überflüssig machen würde.

Es ist eine wohlbekannte Tatsache, daß Staatsbanken bei den wichtigsten und aufgeklärtesten Handelsvölkern zugelassen und begünstigt worden sind. Sie haben nacheinander in Italien, Deutschland, Holland, England und Frankreich ebenso wie in den Vereinigten Staaten Fuß gefaßt. Und es ist eine Tatsache, die bei einer unparteiischen Schätzung ihrer Tendenz beträchtliches Gewicht haben muß, daß nach einer jahrhundertelangen Erfahrung über

---

1) Übersetzung nach: The Works of Alexander Hamilton ed. by Henry Cabot Lodge. New York und London 1885.
2) Siehe den Bericht über „Staatskredit".

ihre Nützlichkeit in den Ländern, in denen sie schon so lange eingerichtet sind, kein Zweifel besteht. Theoretiker und Geschäftsleute
sind in ihrer Anerkennung einig

Handel und Industrie, wo immer sie in Not waren, sind ihnen
für wichtige Hilfe verbunden gewesen, und die Regierung war
ihnen wiederholt in gefährlichen und ernsten Lagen aufs höchste
verpflichtet. Die Regierung der Vereinigten Staaten hat sowohl
in manchen der kritischsten Zeiten des letzten Krieges wie auch seit
dem Frieden von den bei uns bestehenden Banken Hilfe erhalten,
die sie nicht hätte entbehren können.

Bei diesen doppelten Beweisen könnte man erwarten, daß eine
vollkommene Übereinstimmung der Meinungen zu ihren Gunsten
vorhanden wäre. Dennoch sind Zweifel gehegt worden, Eifersucht
und Vorurteile sind in Umlauf gewesen, und obgleich Erfahrung
sie in den Kreisen, in denen man die Wirkungen am besten kennt,
täglich zerstreut, so gibt es doch noch Leute, die sie nicht voll-
ständig aufgegeben haben. Eine vollständige und genaue Übersicht
über den Gegenstand geben hieße aus einem Bericht eine Ab-
handlung machen, aber es gibt gewisse Gesichtspunkte, nach denen
eine kurze Zusammenfassung gegeben werden kann, die vielleicht
zu einem richtigen Eindruck ihrer Verdienste führt. Diese werden
auch einen Vergleich der Vorteile mit den Nachteilen solcher Einrichtungen, ob wirklichen oder angenommenen, zulassen

Zu den hauptsächlichsten Vorteilen einer Bank gehören folgende:
1 die Vermehrung des aktiven und produktiven Kapitals eines
Landes Gold und Silber sind, wenn sie bloß als Austausch- und
Veräußerungsmittel gebraucht werden, nicht unrichtig totes Kapital
genannt worden, aber wenn sie auf Banken hinterlegt werden,
um die Grundlage eines Papierumlaufes zu werden, der an
ihre Stelle als Zeichen des Wertes oder dessen Stellvertreter tritt,
dann bekommen sie Leben oder werden mit anderen Worten aktiver
und produktiver Art. Dieser Gedanke, der in allgemeiner Form
ziemlich fein und abstrakt erscheint, kann klar und handgreiflich
gemacht werden, wenn man auf einige Einzelheiten eingeht. Es
ist z. B. augenscheinlich, daß das Geld, das ein Kaufmann im
Kasten behält, während er auf eine günstige Gelegenheit, es anzuwenden, wartet, nichts einbringt, bis jene Gelegenheit kommt.
Aber wenn er es, anstatt es so einzuschließen, entweder auf einer
Bank hinterlegt oder in Aktien einer Bank anlegt, so bringt es in
der Zwischenzeit einen Vorteil, an dem er, je nachdem er Depositor

oder Besitzer ist, Anteil hat oder nicht, und wenn sich eine vorteil-
hafte Spekulation bietet, so hat er, um sie benutzen zu können, als
Depositor nur sein Geld zurückzuziehen oder als Besitzer ein Darlehen von der Bank aufzunehmen oder über sein Kapital zu verfügen,
— eine Wahl, die selten oder niemals auf Schwierigkeiten stößt,
wenn die Geschäfte des Instituts einen glücklichen Fortgang nehmen.
Sein auf diese Art ein- oder angelegtes Geld ist ein Vermögen,
auf das er und andere in viel beträchtlicherem Maße borgen können
Es ist eine wohlbekannte Tatsache, daß gut akkreditierte Banken
eine weit größere Summe in Umlauf bringen können als der wirkliche Bestand ihres Kapitals in Gold oder Silber ausmacht. Die
Höhe der möglichen Überschreitung scheint unbestimmt, obgleich
sie mutmaßlich auf das Verhältnis von 2 und 3 zu 1 festgesetzt worden
ist Diese Möglichkeit wird auf verschiedene Weise erreicht. 1. Ein
großer Teil der Noten, die ausgegeben werden und als bares Geld
umlaufen, sind im Umlauf unbeschränkt abhängig von dem Vertrauen jedes Inhabers, daß er sie in jedem Augenblick in Gold und
Silber umwechseln kann. 2. Jede Anleihe, die eine Bank macht,
ist in ihrer ersten Form ein Kredit, der dem Borgenden auf seine
Eintragungen hin gegeben wird, woraufhin der Betrag, entweder
in eigenen Noten oder in Gold oder Silber je nach Belieben, zur
Verfügung steht Aber in sehr vielen Fällen wird überhaupt keine
wirkliche Bezahlung geleistet. Der Borgende überträgt häufig durch
einen Scheck oder eine Anweisung seinen Kredit auf irgendeine
andere Person, an die er eine Zahlung hat, die ihrerseits ebenso
oft zufrieden mit einem gleichen Kredit ist, weil sie weiß, daß sie
ihn, wenn sie will, entweder in bares Geld umtauschen oder als
Äquivalent dafür in irgendeine andere Hand übergehen lassen kann.
Und so bleibt der Kredit im Umlauf, indem er auf jeder Stufe den
Dienst des Geldes versieht, bis er durch einen Diskont bei irgendeiner Person gelöscht wird, die an die Bank eine Zahlung in gleichem
oder höherem Betrage zu machen hat. So werden große Summen
geliehen und gezahlt, oft durch viele Hände, ohne die Zuhilfenahme
eines einzigen Geldstückes. 3 Es ist immer eine große Menge Gold
und Silber in den Aufbewahrungsräumen der Bank außer ihrem
eigenen Kapital, das dort niedergelegt ist, vorhanden, teils mit
der Absicht, es wohl zu bewahren, und teils zur Bequemlichkeit
einer Einrichtung, die an sich schon eine Art allgemeine Bequem=
lichkeit ist. Diese Depositen sind von ungeheurer Wichtigkeit bei den
Unternehmungen einer Bank. Obgleich jederzeit der Zurückziehung

unterworfen, beweiſt Erfahrung, daß das Geld viel öfter den Eigen
tümer als den Ort wechſelt, und daß das Herausgenommene ir
allgemeinen ſo ſchnell wieder erſetzt wird, daß das Rechnen mi
den deponierten Summen als Barvermögen gerechtfertigt iſ
das zuſammen mit dem Bankkapital die Bank in den Stan
ſetzt, ihre Darlehen auszudehnen und allen Forderungen nach barer
Gelde, ob nun durch dieſe Darlehen oder durch die gelegentlich
Rückgabe ihrer Noten, gerecht zu werden

Dieſe verſchiedenen Umſtände erklären, auf welche Weiſe di
Fähigkeit einer Bank, eine größere Summe als ihr wirkliches Kapitc
in barem Gelde in Umlauf zu haben, erreicht wird. Dieſe Fähig
keit kommt indeſſen nur allmählich, und das Vertrauen muß vorhe
feſt gegründet ſein — ein Vertrauen, das auf die vernünftigſte
Grundlagen hin geſchenkt werden kann, da der fragliche Überſchu
immer eine ſichere Deckung der einen oder anderen Art haben wirt
Dies verlangt vorſichtigerweiſe jede gut geleitete Bank, ehe ſi
ihr Geld oder ihren Kredit hergibt; und wo ein Hilfskapital vor
handen iſt (was bei dem nachfolgend unterbreiteten Entwurf de
Fall ſein wird), das zuſammen mit dem Barkapital die Grenz
beſtimmt, die bei den Geſchäften der Bank nicht überſchritten werde
ſoll, kann die Sicherheit, in Übereinſtimmung mit allen Grunt
ſätzen einer vernünftigen Vorſicht, als vollkommen betrachtet werde

Dieſelben Umſtände beleuchten die Wahrheit, daß es eine de
Eigentümlichkeiten der Banken iſt, das aktive Kapital eines Lande
zu vermehren. Mit anderen Worten will dies beſagen: Da
Geld eines einzelnen iſt, während er auf eine Gelegenheit, es anzu
wenden, wartet, wenn es entweder zur ſicheren Aufbewahrun
auf der Bank niedergelegt oder in ihren Aktien angelegt wird, i
der Lage, dem Mangel anderer abzuhelfen, ohne für ihn ſelbſt au
ſeinem Bereich gerückt zu werden, wenn ſich ihm Gelegenheit biete
Das ſchafft einen beſonderen Gewinn, der ſich daraus ergibt, daß fü
die Benutzung ſeines Geldes, während er es nicht gebrauchen konnte
ein Entgelt von anderen gezahlt wird, und das Geld ſelbſt beſtändi
weiter arbeitet. Bei den faſt unaufhörlichen Veränderungen und de
Konkurrenz geſchäftlicher Unternehmungen kann nie Gefahr droher
daß die Nachfrage aufhört, oder daß das Geld für einen Augenbli
müßig in den Gewölben der Bank bleibt. Dieſe geſteigerte Tätigke
des Geldes und die Fähigkeit einer Bank, eine größere Summe al
den Barbetrag ihres Kapitales zu leihen und in Umlauf zu ſetzer
bedeuten für alle Handels- und Induſtriezwecke eine entſchieden

Vermehrung des Kapitals. Einkäufe und Unternehmungen können im allgemeinen ebenso wirksam durch irgendeine bestimmte Summe in Bankpapieren oder durch Kredit ausgeführt werden wie durch die gleiche Summe in Gold und Silber Und so werden die Banken, indem sie dazu beitragen, die Zahl der Industrie- und Handels- unternehmungen zu vergrößern, Quellen nationalen Reichtums, — eine Folge, die ebenso befriedigend durch die Erfahrung bewahr- heitet wird, wie sie sich theoretisch klar ableiten läßt.

2. größere Leichtigkeit für die Regierung, besonders in plötz- lichen Notlagen pekuniäre Hilfe zu erlangen. Dies ist ein anderer und unbestrittener Vorteil der Staatsbanken, einer, der, wie schon bemerkt, bei wichtigen Gelegenheiten sich bei uns bewährt hat. Der Grund ist klar: Die Kapitalien einer großen Zahl von Personen werden durch dieses Verfahren an einem Punkt gesammelt und unter eine Leitung gestellt. Die durch diese Vereinigung gebildete Summe wird in gewissem Sinne durch den Kredit, der mit ihr verknüpft ist, vergrößert; und während diese Summe immer bereit ist und zur Hilfe der Regierung sofort in Bewegung gesetzt werden kann, ist das Interesse der Bank, jene Hilfe unabhängig in Hinsicht auf die öffentliche Sicherheit und Wohlfahrt zu gewähren, eine sichere Bürgschaft für ihre Geneigtheit, in ihrer Willfährigkeit so weit zu gehen, als klugerweise gewünscht werden kann Es besteht nach der Natur der Dinge, wie an einer anderen Stelle eingehender dar- gelegt werden wird, eine innige Interessengemeinschaft zwischen der Regierung und einer Staatsbank.

3. die Erleichterung in der Bezahlung von Steuern. Dieser Vorteil wird auf zweierlei Weise erreicht. Diejenigen, die in Ver- kehr mit der Bank stehen, können Unterstützung durch Darlehen haben, um pünktlich den Ansprüchen des Staates gerecht zu werden. Diese Bequemlichkeit ist bei Bezahlung von Steuern bisher von denjenigen sehr empfunden worden, die an Orten wohnen, wo Einrichtungen dieser Art bestehen. Dies ist jedoch, obwohl eine weit verbreitete, doch keine allgemeine Wohltat. Der andere Weg, auf dem die hier betrachtete Wirkung hervorgebracht wird, und bei dem der Nutzen allgemein ist, ist die Vermehrung der Menge der Umlaufsmittel und die Schnelligkeit des Umlaufs. Die Art und Weise, auf die das erstere geschieht, ist schon gekennzeichnet worden. Das letztere verlangt vielleicht einige Erläuterung. Wenn zwischen verschiedenen Plätzen, die im Handelsverkehr miteinander stehen, Zahlungen zu machen sind, so muß, wenn nicht zufällig

Privatwechsel auf dem Markte sind, und wenn keine Banknoten
da sind, welche bei beiden in Kurs sind, folgerichtig bares Geld erstattet werden. Dabei hat man Mühe, Verzögerung, Ausgabe
und Gefahr. Wenn dagegen an beiden Orten Banknoten in
Kurs sind, so erfüllt die Übermittlung dieser durch die Post oder
durch irgendein schnelles oder passendes Beförderungsmittel den
Zweck. Und diese wiederum werden in der Wechselfolge der Forderungen häufig sehr bald darauf wieder an den Ort zurückgeschickt
von dem sie zuerst abgesandt wurden. Und so wird das Senden
und Zurücksenden des Bargeldes vermieden, und ein bequemeres
und schnelleres Zahlmittel tritt an die Stelle. Das ist noch nicht alles:
statt seiner gewöhnlichen Funktionen während dieser Bewegung
von Ort zu Ort enthoben zu werden, bleibt das Bargeld in Tätigkeit
und dient noch dem gewöhnlichen Umlauf; dadurch wird natürlich
verhindert, daß der Umlauf Verminderung oder Stillstand er-
leidet. Diese Umstände kommen noch als Ursachen hinzu für das,
was man im praktischen Sinne oder für Geschäftszwecke größere
Geldmenge nennen kann. Und es ist klar, daß, was auch immer
die Menge des umlaufenden Geldes erhöht, zur Bequemlichkeit
beiträgt, mit der jeder fleißige Staatsbürger den Teil erlangen kann
den er braucht, und daß es ihn desto besser in den Stand setzt, sein
Steuern zu bezahlen wie auch seine anderen Bedürfnisse zu befriedigen. Selbst wo der Umlauf der Banknoten nicht allgemein ist
muß die Wirkung dieselbe sein, obgleich in geringerem Maße.
Denn was den Umlaufskanälen einer Gegend neue Hilfsmittel
zuführt, trägt natürlich dazu bei, die Ströme anderswo voller zu
erhalten. Diese letzte Betrachtung des Gegenstandes dient sowol
dazu, den Satz zu beleuchten, daß Banken darauf abzielen, die Bezahlung von Steuern zu erleichtern, als auch ihre Nützlichkeit für den
Handel jeder Art darzutun, in der das Geld eine treibende Kraft ist.

Finanzwesen.

Erster Bericht über den Staatskredit.

Dem Repräsentantenhause vorgelegt am 14. Januar 1790

Finanzministerium, 9. Januar 1790.

Der Finanzminister hat, gemäß dem Beschlusse des Repräsentantenhauses vom 21. September vorigen Jahres während der
Ferien des Kongresses einen geeigneten Entwurf zur Erhaltung
des Staatskredits erwogen mit all der Aufmerksamkeit, welche
der Würde des Hauses und der Größe des Gegenstandes gebührte.

Bei Erfüllung dieser Pflicht hat er in nicht geringem Maße die
Bedenken gefühlt, die natürlich bei einer rechten Schätzung der
Schwierigkeit dieser Aufgabe und aus einem wohlbegründeten Miß-
trauen gegen die eigenen Fähigkeiten, diese Aufgabe erfolgreich
auszuführen, entstehen, und die einer tiefen und ernsten Überzeugung von der Wichtigkeit der in dem Beschluß enthaltenen Wahrheit entspringen, unter der seine Nachforschungen gemacht worden
sind, — der Wahrheit: „Daß eine angemessene Verordnung für die
Erhaltung des Staatskredits von hoher Wichtigkeit für die Ehre
und die Wohlfahrt der Vereinigten Staaten ist."

Von dem aufrichtigen Wunsche beseelt, daß seine wohlgemeinten
Bemühungen dem wahren Vorteil der Nation förderlich sein möchten,
und mit der größten Achtung vor dem höheren Urteil des Hauses,
unterbreitet er jetzt ehrfurchtsvoll das Ergebnis seiner Unter-
suchungen und Erwägungen einer nachsichtigen Beurteilung.

Nach Ansicht des Ministers kann die Weisheit des Hauses, indem
es den angeführten Vorschlag ausdrücklich guthieß, nur von allen
gelobt werden, die nachstehende offenbare und unbestreitbare
Wahrheiten an ihren deutlichen Folgen erwägen und prüfen, die
Wahrheiten:

daß wahrscheinlich Notlagen eintreten werden in nationalen
Angelegenheiten, in welchen eine Schuld aufgenommen werden muß;

daß Anleihen in Zeiten allgemeiner Gefahr, besonders bei Krieg
mit dem Auslande als ein unumgängliches Hilfsmittel, selbst für
die vermögendsten unter ihnen, angesehen werden

und daß in einem Lande, das wie das unsrige wenig Aktiv-
vermögen oder mit anderen Worten, wenig Vermögen an barem
Geld besitzt, die Notwendigkeit dieser Hilfsquellen in solchen Notlagen verhältnismäßig dringend sein muß.

Und da einerseits die Notwendigkeit, in besonderen Notlagen zu
borgen, nicht bezweifelt werden kann, so ist anderseits ebenso klar,
daß, um unter guten Bedingungen Anleihen zu erheben, es wesentlich ist, daß der Kredit einer Nation festbegründet ist.

Denn wenn der Kredit eines Landes irgendwie fraglich ist, so
wird es niemals ausbleiben, daß für die Anleihen, die es zu machen
hat, in irgendeiner Form ein außerordentlich hohes Aufgeld gegeben werden muß. Noch nicht genug damit; dieselben Nachteile
müssen bei allem, was auf zukünftige Bezahlung hin gekauft
wird, ertragen werden.

Aus dieser beständigen Notwendigkeit des Borgens und teuren Einkaufens ist leicht zu ersehen, wie ungeheuer die Ausgaben einer Nation durch einen ungesunden Stand des Staatskredits im Laufe der Zeit vermehrt werden.

Wollte man die komplizierte Mannigfaltigkeit der Mißstände in dem gesamten System des Staatshaushalts, die von einer Vernachlässigung der Grundsätze, die den Staatskredit aufrechterhalten, herrühren, und welche die Sorge des Hauses in bezug darauf rechtfertigen, aufzuzählen versuchen, so hieße das Zeit und Geduld allzusehr in Anspruch nehmen.

Nichtsdestoweniger erscheinen sie dem Minister in so starkem Lichte, daß nach seinem Urteil in dem gegenwärtigen kritischen Augenblick von ihrer rechten Beachtung der Wohlstand des einzelnen und der Gesamtheit der Bürger der Vereinigten Staaten, Befreiung von den Schwierigkeiten, auf welche sie jetzt stoßen, der Volkscharakter, die Sache guter Regierung, wesentlich abhängen.

Wenn also die Erhaltung des Staatskredits wirklich so wichtig ist, so drangt sich folgende Frage von selbst auf: „Wodurch wird sie erreicht?" Die rechte Antwort auf diese Frage lautet: durch Vertrauen, durch pünktliche Erfüllung der Verträge. Staaten sowohl wie Einzelwesen, die ihren Verpflichtungen nachkommen, schenkt man Achtung und Vertrauen, während das Gegenteil das Schicksal derer ist, die sich entgegengesetzt verhalten.

Jeder Bruch der Staatsverpflichtungen, ob freiwillig oder notwendig, ist für den Staatskredit mehr oder weniger schädlich. Besteht eine solche Notwendigkeit wirklich, so können ihre schlechten Folgen nur durch gewissenhafte Aufmerksamkeit der Regierung vermindert werden, die den Bruch nicht weiter gehen läßt, als die Notwendigkeit unbedingt erfordert, und, wenn die Natur der Sache es zuläßt, aufrichtige Bereitwilligkeit an den Tag legt, ihn, sobald die Umstände es erlauben, wieder gutzumachen. Aber trotz aller möglichen Beschwichtigung muß der Kredit leiden und zahlreiche Mißstände müssen daraus folgen. Es ist daher höchst wichtig, daß, wenn eine scheinbare Notwendigkeit die Staatsverwaltung drängt, sie den Tatbestand wohl prüft und, ehe sie die Forderungen erfüllt, sich vollkommen vergewissert, daß man ihnen auf keine Weise entgehen kann. Denn obgleich nicht mit Sicherheit behauptet werden kann, daß niemals Verhältnisse bestanden haben oder vielleicht nicht bestehen könnten, unter welchen ein Vertrauensbruch des Staates in dieser Hinsicht unvermeidlich ist, so ist doch guter Grund für den

Glauben vorhanden, daß sie viel weniger häufig eintreten, als frühere Fälle zeigen, und daß sie meistens entweder aus Leichtsinn oder Mangel an Festigkeit vorgeschützt oder aus Mangel an Kenntnis vermutet werden. Auswege sind oft vorgeschlagen worden, um im guten Glauben das wieder gutzumachen, was gesündigt worden ist. Diejenigen, welche gewöhnlich Gläubiger einer Nation sind, sind, allgemein gesprochen, aufgeklärte Menschen, und es gibt bemerkenswerte Beispiele, die den Schluß verbürgen, daß, wenn man in offener und billiger Weise sich an sie wendet, sie ihre wirkliche Aufgabe nur zu gut auffassen werden, als daß sie ihre Zustimmung zu der Herabsetzung ihrer Ansprüche, welche irgendeine wirkliche Notwendigkeit fordert, versagten.

Während die Beobachtung jenes Vertrauens, das die Grundlage des Staatskredits ist, schon aus zahlreichen Anlässen politischer Zweckmäßigkeit empfohlen wird, so wird dies durch Erwägungen von größerer Wichtigkeit noch verstärkt. Es gibt Beweise dafür, die auf den unabänderlichen Grundsätzen moralischer Verpflichtung ruhen. Und in dem Verhältnis, wie der Verstand geneigt ist, in dem Walten der Vorsehung eine innige Beziehung zwischen Staatstugend und Staatsglück zu sehen, wird seine Abneigung gegen eine Verletzung jener Grundsätze stehen. Diese Betrachtung erhärtet noch mehr die Natur der Schuld der Vereinigten Staaten. Sie war der Preis für die Freiheit. Die Treue Amerikas ist wiederholt dafür verbürgt worden mit einer Feierlichkeit, die der Verpflichtung besondere Kraft gibt. Es ist in der Tat Grund zu dem Bedauern vorhanden, daß sie bisher nicht erfüllt worden ist, daß die Erfordernisse des Krieges, zusammen mit der Unerfahrenheit in Finanzsachen, direkten Treubruch hervorbrachten, und daß nach dieser Zeit beständig eine negative Verletzung oder Nichterfüllung stattgefunden hat. Aber das Bedauern darüber vermindert sich, wenn man bedenkt, daß in den letzten sieben Jahren die Regierung der Union sich ernstlich und stetig bemüht hat, den nationalen Kredit wiederherzustellen, dadurch daß sie den Gläubigern der Nation gerecht wurde, und daß die Mißstände einer fehlerhaften Verfassung, die diesem lobenswerten Bemühen zuwider waren, aufgehört haben.

Durch diese von der früheren Regierung geschaffene augenscheinlich günstige Lage hat die Einsetzung einer neuen, die die Macht besitzt, die Geldmittel des Staates in Anspruch zu nehmen, dementsprechende Erwartungen erregt. Daher herrscht allgemein der Glaube, daß der Kredit der Vereinigten Staaten schnell auf der festen Grundlage einer wirksamen Verordnung betreffend die bestehende Schuld hergestellt werden wird. Den Einfluß, den dies bei uns gehabt hat, ersieht man aus dem schnellen Steigen des Marktwertes der Staatspapiere. Von Januar bis November stiegen sie um $33^1/_3$%, und von jener Zeit bis heute sind sie um weitere 50% gestiegen; die Nachrichten vom Auslande melden Wirkungen, die unserem nationalen Kredit und unserem nationalen Ansehen verhältnismäßig günstig sind.

Es verdient besondere Beachtung, daß die aufgeklärtesten Freunde einer guten Regierung die unter uns sind, die die größten Erwartungen hegen.

Ihr Vertrauen zu rechtfertigen und zu bewahren, die zunehmende Achtung vor dem amerikanischen Namen zu fördern, den Ansprüchen der Gerechtigkeit zu entsprechen, dem Grundbesitz den richtigen Wert wiederzugeben, dem Ackerbau sowie dem Handel neue Hilfsquellen zu schaffen, die Union der Staaten fester zu kitten, die Sicherheit gegen fremde Angriffe zu vermehren, die öffentliche Ordnung auf der Grundlage einer redlichen und liberalen Politik herzustellen, — dies sind die großen, unschätzbaren Ziele, die durch eine geeignete und zweckmäßige Verordnung zur Kräftigung des Staatskredites gegenwärtig gesichert werden müssen.

Zu dieser Maßnahme werden wir nicht nur durch die allgemeinen Betrachtungen, die wir jetzt gehört haben, aufgefordert, sondern auch durch andere von mehr besonderer Art. Sie wird jeder Klasse der Bevölkerung einige wichtige Vorteile gewähren und einige nicht weniger wichtige Nachteile abschaffen.

Der Vorteil, der den Staatsgläubigern aus dem erhöhten Werte des Teiles ihres Besitztums, die die Staatsschuld ausmacht, erwächst bedarf keiner Erklärung.

Aber es gibt noch eine weniger in die Augen fallende, obwohl nicht weniger wahre Wirkung, an welcher jeder Bürger interessiert ist. Es ist eine wohlbekannte Tatsache, daß in Ländern in denen die Staatsschuld gut fundiert ist und ihr begründetes Vertrauen geschenkt wird, sie den meisten Geldgeschäften gerecht wird Verschreibungen auf Aktien oder Staatsschulden sind da gleich bedeutend mit Barzahlungen, oder mit anderen Worten, Staatspapiere gelten bei großen Handelsabschlüssen als bares Geld. Dasselbe würde aller Wahrscheinlichkeit nach hier unter gleichen Umständen geschehen.

Die Vorteile sind verschiedenartig und klar:

1. Der Handel wird dadurch ausgebreitet, weil ein größeres Kapital da ist, ihn zu betreiben, und der Kaufmann kann ermöglichen zu gleicher Zeit mit kleinerem Gewinn Handel zu treiben, weil seine Papiere, die tot, ihm Zinsen von der Regierung bringen, ihm auch als Bargeld dienen, wenn er für sie bei seinen geschäftlichen Unternehmungen Verwendung findet.

2. Ackerbau und Industrie werden auch dadurch gefördert, aus demselben Grunde, weil bei beiden mehr Kapital zu Gebote steht, und weil der Kaufmann, dessen Anteil am Handel mit dem Auslande ihnen ausgedehntere Betätigung verschafft, größere Mittel zu Unternehmungen hat.

3. Der Diskont wird dadurch niedriger, denn dieser steht immer im Verhältnis zu der Menge des Geldes und der Schnelligkeit des Umlaufs. Dieser Umstand wird es sowohl dem Staate als auch der einzelnen Person ermöglichen, unter leichteren und billigeren Bedingungen zu borgen.

Und aus der Verbindung dieser Wirkungen wird der Arbeit, der Industrie und den Künsten jeder Art Hilfe verschafft werden. Aber diese guten Wirkungen einer Staatsschuld sind nur zu erwarten, wenn sie durch gute Fundierung einen angemessenen und beständigen Wert hat; sonst hat sie eher eine entgegengesetzte Tendenz. Die bei schlechter Fundierung ihr eigene Schwankung und Unsicherheit machen sie zu einer bloßen und noch dazu ungewissen Bequemlichkeit. Da sie als solche nur der Gegenstand gelegentlicher und besonderer Spekulation ist, wird alles in ihr angelegte Geld von den nützlicheren Geldumlaufsmitteln und Wegen abgelenkt, für welche die Sache selbst keinen Ersatz bietet, so daß es in der Tat eine ernstliche Unannehmlichkeit bei einer nicht gesicherten Schuld ist, daß sie zum Geldmangel beiträgt.

Dieser Unterschied, dem, wenn überhaupt, wenig Beachtung geschenkt worden ist, ist von der größten Bedeutung, er schließt eine jeden Teil des Gemeinwesens unmittelbar interessierende Frage in sich, nämlich: ob die Staatsschuld durch eine auf rechter Grundlage beruhende Verordnung zu einem Ersatz für Geld gemacht werden soll, oder ob man, indem man sie läßt, wie sie ist, oder indem man solche Vorsorge trifft, die jene Grundlage verletzt und das Vertrauen zerstört, sie weiterhin zur verderblichen Inanspruchnahme unseres Bargeldes zuungunsten der produktiven Industrie bestehen läßt.

Die Wirkung, welche die auf richtiger Grundlage fundierte Staatsschuld auf Grundeigentum haben würde, ist einer der Umstände,
die eine solche Einrichtung begleiten, und auf den am wenigsten
hingewiesen worden ist, obgleich er ganz besondere Aufmerksamkeit
verdiente. Die gegenwärtige gedrückte Lage jener Art des Be-
sitzes ist ein ernstlicher Mißstand. Der Wert bebauten Landes ist in
den meisten Staaten seit der Revolution um 25 bis 50 % gefallen.
In den südlicheren Staaten ist die Abnahme noch bedeutender.
In der Tat, wenn man den Berichten, die beständig aus jenem Teil
einlaufen, glauben kann, werden dort Ländereien keinen Preis erreichen, der nicht fast gänzlich als Opfer angesehen werden kann
Diese Abnahme des Wertes bei Ländereien sollte zum großen Teil
dem Geldmangel zugeschrieben werden. Folglich, was auch immer
eine Vermehrung des in Geld angelegten Kapitals des Landes
hervorbringt, muß eine verhältnismäßige Wirkung auf die Hebung
jenes Wertes haben. Der wohltätige Einfluß einer fundierten
Schuld ist in dieser Beziehung an der ausschlaggebenden Erfahrung
Großbritanniens offenbar geworden.

Die Grundeigentümer würden nicht nur die Wohltat eines Wert-
zuwachses ihres Eigentums und eines schnelleren und besseren Ver-
kaufes, wenn sie Gelegenheit dazu hätten, fühlen, sondern die Notwendigkeit zu verkaufen würde an und für sich sehr vermindert
werden. Da dieselbe Ursache Anleihen erleichtern würde, so ist auch
Grund vorhanden zu glauben, daß durch dieses Hilfsmittel diejenigen
unter ihnen, die Schulden haben, imstande waren, ihre dringlichsten
Gläubiger zu befriedigen.

Man sollte indessen nicht erwarten, daß die wahrscheinlich durch
Fundierung der Staatsschuld entstehenden und beschriebenen
Vorteile augenblicklich eintreten werden. Es könnte einige Zeit
erfordern, den Wert der Papiere auf ihre natürliche Höhe zu bringen
und ihnen jenes feste Vertrauen zu verschaffen, das für ihre Eigenschaft als Geld nötig ist. Doch der jüngste schnelle Aufschwung der
fundierten Staatsschulden ermutigt zu der Annahme, daß das
Steigen der Wertpapiere bis zu dem gewünschten Punkte viel schneller
erfolgen wird, als vorhergesehen werden konnte. Und da sie unzwischen
im Werte steigen werden, so kann man schließen, daß sie von Anfang
an vielen der erwogenen Zwecke entsprechen werden. Im besonderen scheint es wahrscheinlich, daß sie von Gläubigern, die nicht
selbst in bedrängter Lage sind, gern zur Bezahlung von Schulden
zum laufenden Werte angenommen werden.

An das Volk des Staates New York
(Der Föderalist Nr. 1.)

Nachdem die Unzulänglichkeit der bestehenden Bundesregierung unzweideutig erkannt ist, sind Sie berufen worden, um über eine neue Verfassung für die Vereinigten Staaten Amerikas zu beraten. Der Gegenstand spricht selbst für seine Bedeutung; er begreift in seinen Folgen nichts Geringeres als das Dasein der Union, die Sicherheit und Wohlfahrt ihrer Teile, das Schicksal eines Reiches, das in mancher Hinsicht das interessanteste der Welt ist. Man hat häufig bemerkt, dem Volke dieses Landes scheine es vorbehalten zu sein, durch sein Verhalten und Beispiel die wichtige Frage zu entscheiden, ob die menschliche Gesellschaft wirklich imstande ist, eine gute Regierung durch Erwägungen und durch Wahl zu begründen, oder ob sie bei Staatsverfassungen immer vom Zufall und von der Gewalt abhängig sein solle. Liegt in dieser Bemerkung irgendwelche Wahrheit, so kann man die Krisis, in der wir uns befinden, mit Recht als den Zeitpunkt ansehen, in dem die Entscheidung fallen muß, und eine falsche Wahl bei der Rolle, die wir spielen werden, kann in dieser Hinsicht als ein allgemeines Unglück für die Menschheit angesehen werden.

Dieser Gedanke wird den patriotischen Beweggründen noch allgemein menschliche hinzufügen und die Sorge aller besonnenen und tüchtigen Männer um die Sache erhöhen. Es wird zu unserem Glück ausschlagen, wenn wir uns in unserer Wahl durch eine verständige Schätzung unserer wahren Interessen leiten und uns nicht durch Erwägungen verwirren und beeinflussen lassen, die mit dem öffentlichen Wohl nichts zu tun haben. Das können wir wohl heiß wünschen, aber kaum ernsthaft erwarten. Der uns vorgelegte Entwurf betrifft zu viele Sonderinteressen, führt zu viele lokale Einrichtungen neu ein, um nicht in seine Erörterungen eine Vielheit von Punkten hineinzuziehen, die zu seinen Hauptpunkten in keiner Beziehung stehen, Ansichten, Leidenschaften und Vorurteile, die der Entdeckung von Wahrheiten wenig günstig sind.

Zu den größten Hindernissen der neuen Verfassung gehört das unverkennbare Interesse einer gewissen Klasse Männer jeden Staates, die sich der Änderung widersetzen, weil sie vielleicht eine Verminderung der Macht, der Gehälter und des Ansehens der von ihnen bekleideten Staatsämter im Gefolge hat. Anderseits erwartet der

verkehrte Ehrgeiz einer anderen Klasse Männer, durch die Unruhen
des Landes zu Macht zu gelangen, oder sie wiegen sich in der Hoffnung auf bessere Aussichten, wenn das Reich in mehrere Staaten
zerfällt, statt unter einer Regierung vereint zu sein.

Ich will jedoch nicht bei Betrachtungen dieser Art verweilen
Es wäre falsch, wollte man unterschiedslos in der Opposition einer
Gruppe von Männern (bloß weil ihre Lage sie dem Argwohn aus-
setzt) das Ergebnis eigennütziger oder ehrgeiziger Ansichten sehen.
Die Gerechtigkeit verlangt von uns, zuzugeben, daß selbst solche Leute
sich von rechtschaffenen Ansichten leiten lassen, und zweifellos hat
ein großer Teil der Opposition, die zutage getreten ist oder zutage
treten wird, Gründe, die man nicht tadeln kann, vielleicht sogar
achten muß, die ehrlichen Irrtümer von Herzen, die durch Vorurteile und Furcht mißleitet sind. In der Tat sind die Ursachen,
die dem Urteil eine falsche Richtung geben, so zahlreich und mächtig,
daß wir bei vielen Gelegenheiten kluge und tüchtige Männer ebenso
auf der falschen wie auf der rechten Seite sehen, wenn es sich um
Fragen von allererster Bedeutung für die Gesellschaft handelt
Dieser Umstand würde, wenn er recht beachtet würde, eine Lehre
zur Mäßigung für die sein, die noch so sehr überzeugt sind, bei einer
Streitfrage im Recht zu sein. Und in dieser Hinsicht könnten wir
einen weiteren Grund zur Vorsicht in der Überlegung finden,
daß wir nicht immer sicher wissen, ob die Verfechter der Wahrheit
sich von reineren Grundsätzen leiten lassen als ihre Gegner. Ehrgeiz, Geiz, persönliche Feindseligkeit, Parteiopposition und viele
andere nicht löblichere Beweggründe wirken ebenso auf die Verteidiger wie auf die Gegner einer Sache. Gäbe es nicht einmal
diese Gründe zur Mäßigung, nichts könnte mehr verurteilt werden
als jener unduldsame Geist, der zu allen Zeiten politische Parteien
charakterisiert hat. Denn in der Politik wie in der Religion ist es
gleich unvernünftig, durch Feuer und Schwert nach Bekehrungen
zu streben. Ketzereien können bei beiden selten durch Verfolgung
geheilt werden

Und dennoch, für wie richtig auch diese Gedanken erachtet werden,
wir haben schon genügend Anzeichen dafür, daß es diesmal wie
auch früher schon bei großen nationalen Streitfragen gehen wird
Ein Strom aufgewühlter und boshafter Leidenschaften wird sich
ergießen. Die Haltung der gegnerischen Parteien läßt darauf
schließen, daß sie gegenseitig hoffen, die Richtigkeit ihrer Meinungen
zu erweisen, und durch laute Beteuerungen und scharfe Schmähungen

die Zahl ihrer Anhänger zu vermehren. Ein aufgeklärter Eifer für die Energie und Wirksamkeit der Regierung wird gebrandmarkt werden als eine Folge eines Charakters, der despotische Macht liebt und den Grundsätzen der Freiheit feindlich gegenübersteht. Ein überangstliches Wittern von Gefahren, die den Rechten des Volkes drohten — was eher ein Fehler des Kopfes als des Herzens ist —, wird für Heuchelei und List gehalten werden, der alte Köder für Popularität auf Kosten des öffentlichen Wohls. Einerseits vergißt man, daß Eifersucht gewöhnlich Liebe begleitet, und daß die edle Begeisterung für Freiheit leicht von einem Geist beschränkten und engherzigen Mißtrauens vergiftet wird. Anderseits vergißt man ebenso, daß die Kraft der Regierung für die Sicherheit der Freiheit wesentlich ist, daß nach einem gesunden und wohlunterrichteten Urteil ihr Anteil daran niemals davon getrennt werden kann; und daß hinter der gefälligen Maske des Eifers für die Rechte des Volkes öfter ein gefährlicherer Ehrgeiz lauert als unter dem abstoßenden Schein des Eifers für die Festigkeit und Kraft der Regierung. Die Geschichte lehrt uns, daß jener als ein viel sichererer Weg zur Einführung des Despotismus befunden worden ist als dieser, und daß von den Männern, die die Freiheiten der Republiken vernichtet haben, die meisten ihre Laufbahn damit begonnen haben, daß sie dem Volke schmeichelten: als Demagogen haben sie angefangen, als Tyrannen endeten sie.

Durch vorstehende Betrachtungen wollte ich Sie, meine Mitbürger, darauf hinweisen, daß Sie gegen alle Versuche, von welcher Seite sie auch kommen mögen, auf der Hut seien, und in einer Sache, die von der größten Bedeutung für Ihre Wohlfahrt ist, Ihre Entscheidung nur durch Eindrücke beeinflussen lassen, die das Ergebnis von Wahrheitsbeweisen sind. Sie werden zweifellos aus ihrem allgemeinen Zweck gleichzeitig erkannt haben, daß sie aus einer Quelle hervorgehen, die der neuen Verfassung nicht unfreundlich gegenübersteht. Ja, meine Mitbürger, ich bekenne Ihnen, daß ich nach sorgfältiger Erwägung der festen Meinung bin, daß es in Ihrem Interesse liegt, sie anzunehmen. Nach meiner Überzeugung ist sie der sicherste Weg zu Ihrer Freiheit, Ihrer Würde und Ihrem Glück. Ich heuchle keine Ansichten, die ich selbst nicht empfinde. Ich will Ihnen gegenüber nicht den Anschein erwecken, als ob ich Erwägungen anstellte, nachdem ich mich schon entschieden habe. Offen bekenne ich mich zu meiner Überzeugung, und ich will Ihnen offen zeigen, worauf sie sich gründet. Das Bewußtsein guter Absichten verschmäht Zweideutigkeit. Ich will jedoch die Zahl der Erklärungen über diesen Punkt nicht vermehren. Meine Beweggründe müssen in meiner Brust verschlossen bleiben, meine Schlußfolgerungen werden vor allen offen liegen, und jeder kann sie beurteilen. Sie werden zum wenigsten in einem Geiste geboten werden, der der Sache der Wahrheit nicht zur Unehre gereicht.

In einer Reihe von Abhandlungen gedenke ich die folgenden interessanten Einzelheiten zu erörtern: Die Nützlichkeit der Union für unser politisches Gedeihen. — Die Unzulänglichkeit der gegenwärtigen Konföderation, jene Union zu erhalten. — Die Notwendigkeit einer Regierung, die wenigstens ebenso tatkräftig ist wie die vorgeschlagene, damit das Ziel erreicht wird. — Die Übereinstimmung der beabsichtigten Verfassung mit den wahren Grundsätzen einer republikanischen Regierung. — Ihre Ähnlichkeit mit Ihrer eigenen Staatsverfassung, und zum Schluß: Die erhöhte Sicherheit, die ihre Annahme für die Erhaltung jener Art Regierung für die Freiheit und das Eigentum gewährleisten wird.

Bei der Erörterung werde ich mich bemühen, auf alle erhobenen Einwände eine befriedigende Antwort zu geben, die auf Ihre Aufmerksamkeit Anspruch haben kann.

Vielleicht hält man es für überflüssig, für die Nützlichkeit der Union, von der doch die Mehrzahl des Volkes in jedem Staat tief durchdrungen ist, und die, sollte man meinen, keine Gegner hat, Beweise anführen zu wollen. Tatsächlich hört man aber schon in den Kreisen jener, die gegen die neue Verfassung Widerspruch erheben, raunen, der Umfang der dreizehn Staaten wäre für ein allgemeines System zu groß, und wir müßten deshalb notwendigerweise zu gesonderten Konföderationen bestimmter Teile des Ganzen gelangen. Diese Lehre wird wahrscheinlich allmählich verbreitet werden, bis sie so viele Anhänger hat, daß dadurch ein offenes Bekenntnis begünstigt wird. Nichts ist klarer für den, der von einer höheren Warte aus die Sache beurteilt, daß wir nur die Wahl zwischen einer Annahme der neuen Verfassung oder der Zerstückelung der Union haben. Deshalb wird es nützlich sein, mit einer Prüfung der Vorteile der Union, der gewissen Schäden und der wahrscheinlichen Gefahren, denen jeder Staat bei ihrer Auflösung ausgesetzt ist, zu beginnen. Das wird deshalb das Thema meiner nächsten Ansprache sein.

An das Volk des Staates New York.

(Der Föderalist Nr. 80.)

Um richtig den wirklichen Umfang der Bundesgerichtsbarkeit zu beurteilen, wird es notwendig sein, in erster Reihe zu sehen, auf welche Gebiete sie sich erstreckt.

Es wird kaum Widerspruch erregen, daß die gerichtliche Autorität der Union sich auf folgende Arten von Fällen erstrecken sollte: 1. auf alle die, die durch die Gesetze der Vereinigten Staaten, welche in Verfolg ihrer gerechten und verfassungsmäßigen Gesetzgebungs- gewalt angenommen worden sind, entstehen; 2. auf alle, die die Ausführung der ausdrücklich in den Artikeln der Union enthaltenen Maßnahmen betreffen; 3. auf alle die, bei denen die Vereinigten Staaten Partei sind; 4. auf alle, die für den Frieden der Kon- föderation von Belang sind, sei es, daß sie die Beziehungen der Vereinigten Staaten mit fremden Völkern oder die der Staaten unter sich betreffen; 5. auf alle Fälle, die auf hoher See entstehen, und die zur Admiralität und Marinegerichtsbarkeit gehören, und schließlich auf alle, in denen die Staatstribunale nicht als unparteiisch oder vorurteilslos gelten können.

Der erste Punkt hängt von der einleuchtenden Erwägung ab, daß verfassungsmäßigen Verordnungen durch eine verfassungs- mäßige Methode Wirksamkeit verliehen werden sollte. Was nützen z. B. Hinweise auf die Autorität der Staatsgesetzgebungen, wenn ihre Befolgung nicht verfassungsmäßig erzwungen werden kann? Nach dem Vertragsentwurf sind den Staaten viele Dinge ver- boten, von denen einige mit den Interessen der Union, andere mit den Grundsätzen einer guten Regierung unverträglich sind. Die Auferlegung von Zöllen auf eingeführte Waren und die Ausgabe von Papiergeld sind Beispiele für jede der Arten. Kein vernünf- tiger Mensch wird glauben, daß solche Verbote gewissenhaft beachtet würden, wenn die Regierung nicht die Macht hätte, die Über- tretungen wirksam zu beschränken oder abzustellen. Diese Macht muß entweder ein direkter Einspruch gegen die Gesetze eines Staates oder eine Autorität für die Bundesgerichtshöfe sein, damit eine offen- bare Verletzung der Artikel der Union als ungültig verworfen werden kann. Einen dritten Weg sehe ich nicht. Der letztere scheint von dem Konvent für den besseren gehalten worden zu sein, und ich nehme an, er wird den Staaten sehr angenehm sein.

Der zweite Punkt kann durch kein Argument und keine Erläuterung klarer werden, als er an sich ist. Gibt es überhaupt politische
Grundsätze, so gehört der Satz zu ihnen, daß die richterliche Gewalt
einer Regierung und die gesetzgebende gleich ausgedehnt sein müssen.
Schon allein die Notwendigkeit der Übereinstimmung bei Auslegung
der nationalen Gesetze entscheidet die Frage. Dreizehn unabhängige
Gerichtshöfe, die endgültige Urteile über dieselben Rechtshändel,
gegen dieselben Gesetze fällen, sind eine Hydra in der Regierung,
aus der nur Widerspruch und Verwirrung entstehen können.

Noch weniger braucht über den dritten Punkt gesagt zu werden.
Rechtsstreitigkeiten zwischen der Nation und ihren Bürgern können
nur an nationale Gerichtshöfe verwiesen werden. Jeder andere
Plan würde der Vernunft, dem Herkommen und der Würde wider-
sprechen.

Der vierte Punkt beruht auf dem klaren Lehrsatz, der Friede
des Ganzen könne nicht der Macht eines Teiles überlassen werden.
Zweifellos wird die Union fremden Mächten gegenüber für das
Verhalten ihrer Mitglieder verantwortlich sein. Und die Verantwortlichkeit für ein Unrecht sollte immer mit der Macht verbunden
sein, es zu verhindern. Weil die Ableugnung oder Verdrehung des
Rechts sowohl durch Gerichtsurteile als auch in irgendeiner anderen
Art mit Recht zu den gerechten Gründen für einen Krieg gehört,
folgt, daß die Bundesgerichtsbarkeit Kenntnis von allen Rechts-
händeln haben muß, die die Bürger anderer Länder betreffen.
Das ist ebenso wesentlich für die Erhaltung des öffentlichen Vertrauens wie für die Sicherheit der öffentlichen Ruhe. Vielleicht
kann man zwischen Fällen unterscheiden, die aus internationalen
Verträgen und dem Völkerrecht entstehen, und solchen, die auf der
Grundlage des Gemeinderechts stehen. Die ersteren scheinen geeignet für die Bundesjurisdiktion, die letzteren für die der Staaten.
Es scheint aber wenigstens problematisch, ob ein ungerechtes Urteil
gegen einen Ausländer, bei dem sich der Streitgegenstand ganz auf
die lex loci bezog, nicht, wenn es ungeändert bliebe, ein Angriff
auf seinen Herrscher wäre, so gut wie das Urteil, welches die Ab-
machungen eines Vertrages oder das allgemeine Völkerrecht verletzte.
Noch größere Bedenken gegen die Unterscheidung ergeben sich aus
der ungeheuren Schwierigkeit, wenn nicht Unmöglichkeit einer praktischen Unterscheidung zwischen den Fällen der einen und der andern
Art. Ein so großer Teil der Fälle, an denen Ausländer beteiligt
sind, ist mit nationalen Fragen verquickt, daß es am sichersten und

ratsamsten wäre, alle diese an die nationalen Gerichtshöfe zu ver-
weisen

Die Macht, Rechtsstreitigkeiten zwischen zwei Staaten, zwischen
einem Staat und den Bürgern eines anderen und zwischen den
Bürgern verschiedener Staaten zu entscheiden, ist vielleicht nicht
weniger wesentlich für den Frieden der Union als das eben Erwähnte.
Die Geschichte malt uns ein schreckliches Bild von den Zwistigkeiten und Privatfehden, die Deutschland vor Einsetzung des Reichs-
kammergerichts durch Maximilian gegen Ende des 15. Jahrhunderts
verheerten, und belehrt uns zugleich, wie durch diese Einrichtung
die Unordnung beseitigt und damit die Ruhe des Reiches wieder-
hergestellt wurde. Das war ein Gerichtshof, dem die Macht zustand,
endgültig alle Streitfragen zwischen den Gliedern des deutschen
Staatskörpers zu entscheiden.

Selbst bei dem unvollkommenen System, das bis jetzt die Staaten
zusammengehalten hat, gab es ein Verfahren, territoriale Streitfragen zwischen ihnen durch den Machtspruch des Bundeshauptes
zu beendigen. Aber außer den Grenzansprüchen gibt es noch viele
andere Quellen, aus denen Hader und Feindseligkeiten unter den
Mitgliedern der Union entstehen können. Einige davon kennen wir
aus eigener Erfahrung. Man wird leicht erraten, daß ich auf die
betrügerischen Gesetze anspiele, die in zu vielen Staaten angenommen worden sind. Und obgleich die geplante Verfassung besondere
Maßregeln gegen die Wiederholung solcher Fälle trifft, ist die Be-
fürchtung gerechtfertigt, daß der Geist, der sie hervorgerufen hat,
neue Formen ersinnen wird, die man weder vorhersehen noch gegen
die man besondere Vorkehrungen treffen konnte. Welche Machen-
schaften auch immer die Harmonie zwischen den Staaten zu stören
geneigt sind, sie brauchen die Oberaufsicht und Kontrolle des
Bundes.

Es kann als Grundlage der Union angesehen werden, daß „die
Bürger jedes Staates Anspruch auf die Vorrechte und Freiheiten
der Bürger der verschiedenen Staaten haben" Und wenn es ein
berechtigter Grundsatz ist, daß jede Regierung über die Mittel verfügen sollte, ihre eigenen Verordnungen durch eigene Autorität
durchzusetzen, so muß folgerecht zur unverletzlichen Aufrechterhaltung
jener Gleichheit der Vorrechte und Freiheiten, auf welche die Bürger
der Union ein Anrecht haben wollen, die nationale Gerichtsbarkeit
in allen Fällen die Oberaufsicht führen, in denen ein Staat oder seine
Bürger im Gegensatz zu einem anderen Staate oder seinen Bürgern

steht. Zur Sicherung gegen alle Ausflüchte und Vorwände muß die Durchführung dem Gerichtshof zugewiesen werden, der, ohne örtlich gebunden zu sein, wahrscheinlich unparteiisch zwischen den verschiedenen Staaten und ihren Bürgern entscheiden wird, und der, da er seine amtliche Existenz der Union verdankt, aller Wahrscheinlichkeit nach niemals Bestrebungen zeigen wird, die verhängnisvoll für ihre Grundlagen wären

Der fünfte Punkt erfordert wenig Kritik. Sogar fanatische Vergötterer der Staatsautorität haben der Nationalgerichtsbarkeit bis jetzt die Ausübung des Seerechts nicht abgesprochen. Dieses beruht so allgemein auf dem Völkerrecht und berührt so sehr das Recht der Ausländer, daß es in den Bereich des öffentlichen Friedens fällt. Sein wichtigster Teil ist durch die jetzige Konföderation der Bundesgerichtsbarkeit unterstellt.

Die Richtigkeit des Eintretens der nationalen Gerichtshöfe in Fällen, in denen man von den Staatstribunalen nicht Unparteilichkeit voraussetzen kann, spricht für sich selbst Niemand sollte Richter in eigener Sache sein oder in einer Sache, an der er das geringste Interesse, oder gegen die er ein Vorurteil hat. Dieser Grundsatz hat ein nicht unbeträchtliches Gewicht bei Bezeichnung der Bundesgerichtshöfe als der geeignetsten Statten zur Entscheidung bei Streitfällen zwischen verschiedenen Staaten und ihren Bürgern. Einige Rechtsfälle zwischen Bürgern desselben Staates sollten auch vor sie gehören, z. B. Ansprüche auf Ländereien mit Bewilligung verschiedener Staaten, die sich auf ganz entgegengesetzte Grenzbestimmungen stützen Die Gerichtshöfe der beiden Vertragsstaaten können nicht unparteiisch sein. Die Gesetze haben vielleicht die Frage schon im voraus entschieden und die Gerichtshöfe zu Entscheidungen zugunsten der Bewilligungen des Staates, dem die Ländereien gehörten, genötigt Und selbst wo das nicht geschehen ist, würden natürlich die Richter als Menschen eine starke Vorliebe für die Ansprüche ihrer eigenen Regierung haben.

Nachdem wir nun die Grundsätze, nach denen die Errichtung der Bundesgerichtsbarkeit geregelt werden sollte, aufgestellt und erörtert haben, wollen wir an der Hand dieser Grundsätze die besonderen Machtbefugnisse prüfen, die sie nach dem Vertragsentwurf haben soll. Sie soll umfassen „alle Fälle in Gesetz und Billigkeitsrecht, die durch die Verfassung, die Gesetze der Vereinigten Staaten und die gemachten oder zu machenden Verträge entstehen; alle Fälle, die Gesandte, öffentliche Minister und Konsuln betreffen; alle Fälle

der Admiralität und Marinegerichtsbarkeit; Streitfragen, bei denen
die Vereinigten Staaten Partei sind; Streitfragen zwischen zwei
oder mehreren Staaten; zwischen einem Staat und Bürgern eines
anderen Staates; zwischen Bürgern verschiedener Staaten; zwischen
Bürgern desselben Staates, die Ländereien und urkundliche Bewilligungen anderer Staaten beanspruchen, und zwischen einem
Staat oder seinen Bürgern und fremden Staaten, Bürgern und
Untertanen". Das bildet die gesamte gerichtliche Autorität der
Union, die wir nun im einzelnen durchnehmen wollen. Sie soll
sich also erstrecken:

1 auf alle Fälle in Gesetz und Billigkeit, die durch die Verfassung und durch die Gesetze der Vereinigten Staaten entstehen.
Das entspricht den beiden ersten Klassen von Rechtshändeln, die als
geeignet für die Gerichtsbarkeit der Vereinigten Staaten aufgezählt
worden sind. Es ist die Frage aufgeworfen worden, was „Fälle,
die durch die Verfassung entstehen" im Gegensatz zu solchen, „die
durch die Gesetze der Vereinigten Staaten entstehen" bedeuten.
Der Unterschied ist schon erklärt worden. Alle Beschränkungen der
Rechte gesetzgebender Körperschaften der Staaten liefern Beispiele
dafür. Sie sollen z. B. kein Papiergeld ausgeben, aber das Verbot
ergibt sich aus der Verfassung und hat mit keinem Gesetz der Vereinigten Staaten etwas zu tun. Sollte trotzdem Papiergeld ausgegeben werden, so wären die diesbetreffenden Streitfragen Fälle,
die durch die Verfassung und nicht durch die Gesetze der Vereinigten
Staaten entstehen, nach dem gewöhnlichen Sprachgebrauche. Das
mag als ein Beispiel für das Ganze dienen.

Es ist auch gefragt worden: wozu das Wort „Billigkeit"? Welche
Rechtshändel der Billigkeit können aus der Verfassung und den
Gesetzen der Vereinigten Staaten erwachsen? Es gibt zwischen
Individuen kaum einen Rechtsstreit, bei dem es sich nicht um Betrug,
Unglücksfall, anvertrautes Gut oder um Unterdrückung handelte,
der die Sache eher zu einem Fall des Billigkeitsrechts als der gesetzmäßigen Gerichtsbarkeit machen würde, eine Unterscheidung, wie
sie schon in mehreren Staaten gemacht wird. Das besondere Gebiet
eines Billigkeitsgerichtshofes wären z. B die sogenannten unlös-
lichen Kaufverträge: Kontrakte, die zwar keinen direkten Betrug oder
eine absichtliche Täuschung enthalten, so daß sie von einem Gerichtshof für ungültig erklärt werden könnten, durch die aber doch ein
unangemessener und gewissenloser Vorteil aus der Not einer der
Parteien gezogen wird, was ein Billigkeitsgerichtshof nicht dulden

wurde. In solchen Fällen, wo es sich auf einer Seite um Ausländer
handelte, konnten die Bundesgerichtshöfe unmöglich ohne eine un-
parteiische und rechtsgültige Rechtsprechung Gerechtigkeit üben.
Übereinkommen über Abtretung von Ländereien, die unter Bewilligung verschiedener Staaten beansprucht werden, bieten ein
anderes Beispiel für die Notwendigkeit eines Billigkeitsgerichts
bei den Bundesgerichtshöfen. In den Staaten, in denen die formale
und technische Unterscheidung zwischen Gesetz und Billigkeit nicht so
geübt wird, wie in diesem Staate, wo der tägliche Gebrauch sie durch
Beispiele erläutert, mag diese Schlußfolgerung nicht so fühlbar sein.

Die gerichtliche Gewalt der Union soll sich erstrecken:

2. auf Verträge, die mit Autorität der Vereinigten Staaten geschlossen sind oder geschlossen werden, und auf alle Fälle, die Gesandte,
andere Staatsbeamte und Konsuln betreffen. Diese gehören der
vierten Klasse der hier aufgeführten Fälle an, da sie offenbar mit der
Erhaltung des nationalen Friedens in Verbindung stehen.

3. auf Fälle der Admiralität und Marinegerichtsbarkeit. Diese
bilden zusammen die fünfte der aufgeführten Klassen von Rechtsstreitigkeiten, für die die nationalen Gerichtshöfe zuständig sind.

4. auf Rechtsstreitigkeiten, bei denen die Vereinigten Staaten
Partei sind. Diese bilden die dritte Klasse.

5. auf Rechtsstreitigkeiten zwischen zwei oder mehr Staaten;
zwischen einem Staat und Bürgern eines anderen Staates; zwischen
Bürgern verschiedener Staaten. Diese gehören der vierten Klasse
und in gewissem Maße der letzten an.

6. auf Fälle zwischen Bürgern desselben Staates, die Ländereien
mit Bewilligung verschiedener Staaten beanspruchen. Diese gehören zur letzten Klasse und bilden die einzigen Beispiele, bei denen
die beantragte Verordnung die Ausübung der Gerichtsbarkeit in
Streitfällen zwischen den Bürgern desselben Staates direkt beabsichtigt.

7. auf Fälle zwischen einem Staat und seinen Bürgern und fremden Staaten, Bürgern oder Untertanen. Wie schon gesagt, gehören
sie der vierten Klasse an und eignen sich besonders für die nationale
Judikatur.

Aus dieser Übersicht über die besonderen Machtbefugnisse der
Bundesgerichtsbarkeit, wie sie in der Verfassung gezeichnet sind,
ergibt sich die völlige Übereinstimmung mit den Grundsätzen, die
die Aufstellung jener Paragraphen hätte leiten sollen, und die
zur Vervollkommnung des Systems nötig waren. Wenn der Ent-

wurf einzelne Nachteile enthalten ſollte, ſo beſitzt die nationale Geſetzgebung genug Gewalt, um Ausnahmen machen und Verfügungen erlaſſen zu können, die dieſen Nachteilen abhelfen oder ſie mildern können. Die Möglichkeit einzelner Übelſtände kann ein gut unterrichteter Geiſt niemals als einen gewichtigen Einwand gegen einen allgemeinen Grundſatz anſehen, der allgemeine Übelſtände vermeiden und allgemeine Vorteile erreichen will.

Abraham Lincoln.
Anſprache im Jünglingslyzeum in Springfield, Illinois.
27. Januar 1857.

Als Thema für den heutigen Abend iſt „das Fortbeſtehen unſerer politiſchen Einrichtungen" gewählt worden.

In dem großen Tagebuch über die Dinge, die ſich unter der Sonne ereignen, finden wir, das amerikaniſche Volk, den Bericht über uns im 19 Jahrhundert der chriſtlichen Zeitrechnung. Wir befinden uns in dem friedlichen Beſitz des ſchönſten Teiles der Erde, in bezug auf die Ausdehnung des Gebiets, die Fruchtbarkeit des Bodens und die Zuträglichkeit des Klimas. Wir leben unter der Regierung eines Syſtems politiſcher Einrichtungen, die mehr zu den Zielen bürgerlicher und politiſcher Freiheit führen, als die Geſchichte früherer Zeiten berichtet. Als wir die Bühne der Welt betraten, ſahen wir uns als die rechtmäßigen Erben dieſer fundamentalen Segnungen. Wir brauchten uns nicht abzumühen, um ſie zu erwerben oder zu begründen, ſie waren das Vermächtnis eines einſt kühnen, tapferen und vaterlandsliebenden, aber jetzt beklagten und dahingegangenen Geſchlechts von Vorfahren. Ihre Aufgabe war es (und wie vortrefflich haben ſie ſie erfüllt), ſich und dadurch uns in den Beſitz dieſes ſchönen Landes zu bringen und auf ſeinen Hügeln und in ſeinen Tälern ein politiſches Gebäude der Freiheit und gleicher Rechte zu errichten. An uns iſt es nun, den ſpäteſten Geſchlechtern das Land zu übergeben, ohne daß der Fuß eines Eindringlings es entheiligt hätte, und die Freiheit unverändert durch den Lauf der Zeit und unverſehrt zu erhalten. Dankbarkeit gegen unſere Väter, Gerechtigkeit gegen uns, die Pflichten gegen die Nachwelt und die Liebe für unſer Volk im allgemeinen, all das verlangt gebieteriſch, daß wir dieſe Aufgabe getreu erfüllen.

Wie nun ſollen wir ſie erfüllen? An welcher Stelle ſollen wir das Nahen von Gefahr erwarten? Durch welche Mittel ſollen wir uns

gegen sie schützen? Sollen wir annehmen, daß irgendein trans-
atlantischer militärischer Riese über den Ozean schreitet und uns mit
einem Schlage zermalmt? Niemals! Alle Heere Europas, Asiens
und Afrikas zusammen mit allen Schätzen der Erde (nur unsere
ausgenommen) in ihrer militärischen Lade, mit einem Bonaparte
als Befehlshaber, könnten in tausend Jahren nicht mit Gewalt
einen Trunk aus dem Ohio tun oder auf einem Pfad auf den
Blue Ridge gehen.

An welcher Stelle sollen wir dann die Gefahr erwarten? Meine
Antwort darauf lautet: wenn sie uns je erreicht, so entsteht sie unter
uns, sie kann nicht von außen kommen. Wenn die Vernichtung unser
Los ist, müssen wir selbst ihre Urheber und Vollender sein. Als ein
Volk freier Männer müssen wir für alle Zeiten leben oder durch
Selbstmord sterben.

Ich hoffe, ich bin zu ängstlich, wenn ich es aber nicht bin, so ist
sogar jetzt schon etwas wie ein böses Anzeichen unter uns. Ich meine
die zunehmende Mißachtung des Gesetzes, die das Land durchdringt,
— die wachsende Neigung, an Stelle des nüchternen Urteils der Gerichte wilde und wütende Leidenschaften zu setzen, und die schlimmer
als wilden Pöbelhaufen an Stelle der ausübenden Diener der Gerechtigkeit. Diese Neigung ist in jeder Gemeinschaft fürchterlich;
und daß sie jetzt bei uns besteht, wird uns zwar schmerzlich zuzugestehen,
es hieße aber die Wahrheit verletzen und den Verstand beleidigen,
leugneten wir es. Nachrichten von Gewalttätigkeiten, die der Pöbel
begangen hat, bilden die täglichen Berichte der Zeitungen. Sie
haben das Land von Neu-England bis Louisiana durchdrungen,
sie sind weder eine Eigenart des ewigen Schnees Neu-Englands
noch der brennenden Sonne Louisianas; sie sind kein Werk des
Klimas, noch sind sie auf die Sklavenstaaten oder auf die Nicht-
sklavenstaaten beschränkt. Sie finden sich bei den nach Vergnügen
jagenden Herren der Sklaven des Südens und bei den ordnungs-
liebenden Bürgern des Landes stetiger Gewohnheiten. Was auch
immer ihre Ursache ist, sie ist dem ganzen Lande gemein.

Es wäre langweilig und nutzlos, die Schrecken aller dieser Gewalttätigkeiten aufzuzählen. Am gefährlichsten und empörendsten
gegen die Menschlichkeit sind vielleicht die, die im Staate Mississippi
und in St. Louis vorgekommen sind. In Mississippi fing es zuerst
damit an, daß regelrechte Spieler gehängt wurden — eine Sorte
Menschen, die gewiß keine sehr nützliche oder sehr ehrenwerte Beschäftigung zu ihrem Lebensunterhalt verfolgt; das Spiel aber, weit

davon entfernt, vom Gesetz verboten zu sein, war gerade ein Jahr vorher tatsächlich durch einen Beschluß der gesetzgebenden Versammlung erlaubt worden. Dann wurden Neger, die in dem Verdacht standen, zur Erregung eines Aufstandes eine Verschwörung angezettelt zu haben, gefangen genommen und in allen Teilen des Staates aufgehängt; dann erlitten Weiße, die mit den Negern im Bunde stehen sollten, und schließlich Fremde aus benachbarten Staaten, deren Tätigkeit sie dorthin führte, in vielen Fällen dasselbe Schicksal. So ging es weiter mit diesem Verfahren des Aufhängens, von Spielern zu Negern, von Negern zu weißen Bürgern und von diesen zu Fremden, bis man buchstäblich auf beiden Seiten der Landstraßen Tote an den Zweigen der Bäume baumeln sah, und fast in so großer Anzahl, daß sie mit dem spanischen Moos des Landes als Behang des Waldes wetteifern konnten.

Wenden wir uns nun jener grauenvollen Szene in St. Louis zu. Dort fiel nur ein einziges Opfer. Die Geschichte ist sehr kurz und hat vielleicht an Tragik nicht ihresgleichen im wirklichen Leben. Ein Mulatte namens McIntosh wurde auf der Straße ergriffen, an die Grenze der Stadt geschleift, an einen Baum gekettet und tatsächlich verbrannt; und all das geschah innerhalb einer Stunde von der Zeit an gerechnet, da er noch als freier Mann seiner Beschäftigung nachgegangen war und in Frieden mit der Welt lebte.

Das sind die Wirkungen des Lynchgesetzes, und solche Szenen werden immer häufiger in diesem Lande, das noch vor kurzem wegen seiner Ordnungsliebe und Gesetzlichkeit berühmt war, dessen Geschichten jetzt aber so wohlbekannt sind, daß sie nur noch mit einer müßigen Bemerkung abgetan werden.

Sie werden nun vielleicht fragen: „Was hat das mit der Fortdauer unserer politischen Einrichtungen zu tun?" Meine Antwort lautet „Es hat sehr viel damit zu tun". Ihre direkten Folgen sind verhältnismäßig nur ein kleines Übel, und viel Gefahr liegt darin, daß unser Geist die direkten Folgen als die einzigen ansieht. Abstrakt betrachtet war das Aufhängen der Spieler in Vicksburg nur von geringer Bedeutung. Sie bilden einen Teil der Bevölkerung, der schlimmer als nutzlos in jeder Gemeinschaft ist; und wenn durch ihren Tod kein schädliches Beispiel gegeben wird, so braucht er vernünftigerweise von niemandem bedauert zu werden. Wenn die Pest oder die Pocken sie alljährlich aus dem Dasein hinwegrafften, so würde ehrlichen Leuten vielleicht viel dadurch genützt werden. Ähnlich ist auch die richtige Schlußfolgerung in bezug auf das Ver-

brennen des Negers in St. Louis Er hatte sein Leben verwirkt,
weil er einen der würdigsten und geachtetsten Bürger der Stadt
schändlich ermordet hatte, und nach dem Spruch des Gesetzes hätte
er doch sehr kurze Zeit nachher sterben müssen. Für ihn selbst war es
ziemlich gleich, so oder so Aber in beiden Fällen war das Beispiel
schrecklich Wenn die Leute es sich in den Kopf setzen, heute Spieler
zu hängen oder Mörder zu verbrennen, so sollten sie daran denken,
daß sie in der Verwirrung, die solche Taten gewöhnlich begleitet,
vielleicht auch jemand hängen oder verbrennen, der weder ein
Spieler noch ein Mörder ist, und daß nach dem Beispiele, das sie
selbst geben, der Pöbel von morgen wahrscheinlich den einen oder
andern von ihnen aus demselben Irrtum hängt oder verbrennt
Und nicht allein das; die Unschuldigen, die sich stets jeder Gesetzes=
verletzung widersetzt haben, fallen mit den Schuldigen als Opfer
der Verheerungen des Lynchgesetzes; und so geht es Schritt für
Schritt weiter, bis alle zur Verteidigung der Personen und des
Eigentums der Individuen aufgerichteten Mauern niedergerissen
sind. Das ist aber noch nicht die ganze Ausdehnung des Übels
Durch solche Beispiele, durch die Straflosigkeit derer, die solche
Taten verüben, werden die in Gedanken Gesetzlosen ermutigt, zur
Tat überzugehen, und da nur die Furcht vor Strafe ihnen Zwang
auferlegt, fällt nun jeder Zwang für sie fort. Immer hatten sie
die Regierung als ihr tödlichstes Verderben angesehen, jetzt aber
jubeln sie über die einstweilige Aufhebung ihrer Wirksamkeit und bitten
inständigst um ihre völlige Vernichtung. Anderseits werden gute
Menschen, die die Ruhe lieben, die am Gesetz festhalten und seinen
Nutzen genießen wollen, die freudig ihr Blut zur Verteidigung ihres
Vaterlandes vergießen würden, wenn sie ihr Eigentum zerstört,
ihre Familien beleidigt, ihr Leben gefährdet und ihre Person ge=
schädigt sehen, und nichts eine Wendung zum Bessern verspricht,
der Regierung überdrüssig werden, die ihnen keinen Schutz bietet,
und sie werden einer Änderung nicht sehr entgegen sein, bei der sie
ihrer Meinung nach nichts zu verlieren haben So wird durch die
Wirkung dieses pöbelhaften Geistes, der, wie wir alle zugeben
müssen, jetzt in unserem Lande verbreitet ist, das stärkste Bollwerk
jeder Regierung, und besonders einer solchen wie der unseren tat=
sächlich niedergerissen und zerstört — ich meine die Anhänglichkeit
des Volkes Wenn diese Wirkung unter uns erzeugt wird, wenn der
bösartige Teil der Bevölkerung sich in Banden von Hunderten und
Tausenden zusammenrotten kann und Kirchen verbrennen, Viktu=

alienladen verwüsten und plündern, Druckpressen ins Wasser werfen, Verleger erschießen und verhaßte Personen nach Belieben und ungestraft aufhängen und verbrennen kann, so kann diese Regierung nicht dauern, verlassen Sie sich darauf. Dadurch werden ihr die Gefühle der besten Bürger mehr oder weniger entfremdet, sie wird ohne Freunde bleiben oder zu wenige haben, und diese wenigen sind so schwach, daß ihre Freundschaft ohne Wirkung ist. In solcher Zeit und unter solchen Umständen werden Männer, denen es nicht an Talent und Ehrgeiz fehlt, die Gelegenheit ergreifen, den Schlag aus= führen und vernichten, was in den letzten fünfzig Jahren die schönste Hoffnung der freiheitsliebenden Menschen in der ganzen Welt war.

Ich weiß, das amerikanische Volk hangt sehr an seiner Regierung, es würde viel um ihretwillen leiden, es würde lange und geduldig Leiden ertragen, bevor es daran denken würde, sie durch eine andere zu ersetzen; aber wenn trotzdem die Gesetze ständig verachtet und über= treten werden, wenn das Recht der Sicherheit von Person und Eigentum von der Laune des Pöbels abhangt, so ist die Entfremdung von der Regierung die natürliche Folge; und dazu muß es früher oder später kommen.

Hier ist also der eine Punkt, wo die Gefahr droht. Die Frage kehrt wieder: „Wie sollen wir uns dagegen stark machen?" Die Ant= wort ist einfach. Möge jeder Amerikaner, jeder, der die Freiheit liebt, jeder, der es mit seinen Nachkommen gut meint, bei dem Blut der Revolution schwören, die Gesetze des Landes nie im geringsten zu verletzen und ihre Verletzung durch andere nie zu dulden. Wie die Patrioten von 1776 zur Unterstützung der Unabhängigkeitserklärung, sollen alle Amerikaner zur Erhaltung der Verfassung und der Gesetze ihr Leben, ihr Eigentum und ihre geheiligte Ehre verpfänden — jeder möge daran denken, daß, wenn er die Gesetze verletzt, er das Andenken seiner Väter mit Füßen tritt und das Recht auf seine und seiner Kinder Freiheit vernichtet. Die Ehrfurcht vor den Gesetzen möge jede ameri= kanische Mutter dem stammelnden Kinde einhauchen, das auf ihrem Schoße plappert, in den Schulen, den Seminaren und an den Uni= versitäten soll sie gelehrt werden, in den Fibeln, Elementarbüchern und Kalendern soll sie stehen, von der Kanzel soll sie gepredigt, in den Parlamenträumen verkündet und an den Gerichtshöfen er= zwungen werden. Kurz, sie soll die politische Religion des Volkes werden; alt und jung, arm und reich, Ernste und Heitere aller Ge= schlechter, Zungen, Farben und Stände sollen ohne Aufhören auf den Altären des Gesetzes opfern.

Solange dieser Gefühlszustand allgemein das ganze Volk beherrscht, wird jede Anstrengung vergebens und jeder Versuch fruchtlos sein, unsere nationale Freiheit zu untergraben.

Wenn ich so dringend eine strenge Beachtung aller Gesetze befürworte, so will ich nicht so verstanden werden, als ob es keine schlechten Gesetze gäbe, oder als ob nicht Mißstande entstehen könnten, für deren Abstellung keine gesetzlichen Vorkehrungen getroffen sind. Das will ich nicht sagen. Aber obgleich schlechte Gesetze, wenn sie bestehen, so bald als möglich aufgehoben werden sollten, müssen sie des Beispiels wegen gewissenhaft beachtet werden, solange sie in Kraft sind. So ist es auch in unvorhergesehenen Fällen. Wenn sie entstehen, sollten die geeigneten gesetzlichen Vorkehrungen möglichst ohne Aufschub getroffen werden, aber bis es so weit ist, müssen sie ertragen werden, wenn sie nicht zu widrig sind.

Es gibt keinen Übelstand, der durch Volksjustiz abgestellt werden kann. In jedem Rechtsfall, der entstehen kann, wie z. B. der Bekanntgebung der Abschaffung der Sklaverei, ist notgedrungen einer von zwei Standpunkten richtig — d. h. die Sache an sich ist richtig, sie verdient deshalb den Schutz des Gesetzes und aller guten Bürger, oder sie ist falsch und muß deshalb durch gesetzliche Verordnungen verboten werden; in keinem Falle ist also die Vermittlung der Volksjustiz notwendig, gerechtfertigt oder entschuldbar.

Aber es kann gefragt werden: „Warum eine Gefahr für unsere politischen Einrichtungen vermuten? Haben wir sie nicht über fünfzig Jahre erhalten, und warum können wir das nicht fünfzigmal so lange tun?"

Wir hoffen, daß kein genügender Grund vorliegt. Wir hoffen, daß alle Gefahr überwunden ist; aber es wäre äußerst gefährlich, daraus zu schließen, daß niemals eine Gefahr entstehen könnte. Es gibt jetzt und wird auch später viele Dinge geben, die in ihrer Tendenz gefährlich sind, die vordem nicht gewesen sind, und die nicht zu unbedeutend sind, um Beachtung zu verdienen. Daß unsere Regierung von ihrer Begründung bis jetzt in ihrer ursprünglichen Form sich erhalten hat, ist nicht gerade wunderbar. Sie hatte in jener Zeit viele Stützen, die jetzt verfallen und zerbröckelt sind. In jenem Zeitraum fühlten alle, daß sie ein unerprobter Versuch war; jetzt hat man eingesehen, wie erfolgreich er war. Damals erwartete jeder, der Berühmtheit und Ruf und Auszeichnung suchte, sie in dem Erfolg jenes Versuches zu finden. Ihr Alles wurde dabei aufs Spiel gesetzt, ihr Geschick war unauflösbar damit verbunden. Ihr Ehr-

geiz strebte danach, vor der bewundernden Welt praktisch die Richtig=
keit eines Vorschlages zu beweisen, der bis dahin höchstens für
problematisch gehalten wurde, nämlich die Fähigkeit eines Volkes,
sich selbst zu regieren. Gelang es ihnen, so machten sie sich unsterblich;
ihr Name wurde Landschaften, Flüssen, Städten und Bergen ge=
geben; er wurde verehrt und besungen und allezeit gefeiert.
Mißlang es ihnen, würden sie eine flüchtige Stunde lang Schurken,
Narren und Fanatiker geheißen werden, um dann in die Vergessen=
heit zu sinken. Der Versuch war erfolgreich, und Tausende haben
sich dadurch unsterblich gemacht. Aber das Spiel ist gewonnen, und
ich glaube, damit endet das Vergnügen der Jagd. Das Ruhmesfeld
ist abgeerntet, und die Ernte ist schon verwendet. Aber neue Schnitter
werden erstehen, und sie werden sich auch ein Feld suchen. Es hieße
leugnen, was die Weltgeschichte uns als wahr lehrt, wenn wir an=
nehmen wollten, daß unter uns nicht weiter ehrgeizige und talent=
volle Männer aufstehen werden. Und sie werden ebenso natürlich
die Befriedigung ihrer herrschenden Leidenschaft suchen, wie es andere
vor ihnen getan haben. Dann ist die Frage: kann jene Befriedigung
in der Unterstützung und Erhaltung eines Gebäudes gefunden
werden, das andere errichtet haben? Sicherlich kann sie das nicht.
Es gibt viele große und gute Männer, die für jede Aufgabe, die sie
unternehmen, genügend befähigt sind, deren Ehrgeiz aber nicht
weiter als nach einem Sitz im Kongreß, nach einem Gouverneurs=
oder Präsidentensitz strebt; aber diese gehören nicht zur Familie
des Löwen oder zum Stamme des Adlers. Würden diese Plätze
einem Alexander, einem Cäsar, einem Napoleon genügen? Niemals!
Ein gewaltiger Genius verschmäht einen betretenen Pfad. Er sucht
unerforschte Gegenden. Er sucht keine Auszeichnung, indem er Stock=
werk auf Stockwerk auf die Ruhmesdenkmäler setzt, die zur Erinne=
rung an andere errichtet sind. Er stellt es in Abrede, daß es Ruhm
genug ist, unter irgendeinem Oberhaupt zu dienen. Er verschmäht
es, in die Fußtapfen eines noch so berühmten Vorgängers zu treten.
Er dürstet und verzehrt sich nach Auszeichnung und wird sie, wenn es
nur möglich ist, erreichen, gleichviel ob er Sklaven befreit oder freie
Männer zu Sklaven macht. Ist es also unvernünftig, wenn man
erwartet, daß zu irgendeiner Zeit unter uns ein Mann aufstehen
wird, dessen hoher Genius sich mit so viel Ehrgeiz paart, daß er ihn
bis zur äußersten Anspannung treibt? Dann muß das Volk unter=
einander verbunden sein und an der Verfassung und den Gesetzen
hangen, um erfolgreich seine Pläne zu vereiteln.

Auszeichnung wird sein höchstes Ziel sein, und obgleich er sie ebenso gern oder vielleicht noch lieber durch Gutes als durch Böses erreichen würde, würde er doch, wenn die Gelegenheit dazu vorbei ist und ihm zum Aufbauen nichts mehr geblieben ist, sich kühn ans Niederreißen machen.

Das ist ein sehr gefährlicher wahrscheinlicher Fall, der vordem nicht gut vorkommen konnte.

Der andere Grund, der einst war, aber jetzt in demselben Maße nicht mehr ist, hat viel zur Erhaltung unserer Einrichtungen beigetragen. Ich meine den gewaltigen Einfluß, den die interessanten Szenen der Revolution auf die Leidenschaften des Volkes hatten. Durch diesen Einfluß waren Eifersucht, Neid und Geiz, die unserer Natur eigen und in einem Zustand des Friedens, des Gedeihens und der bewußten Kraft so gewöhnlich sind, eine Zeitlang sehr gedämpft und zur Untätigkeit verdammt, während die tiefgewurzelten Grundlagen des Hasses und der gewaltige Beweggrund der Rache nicht gegeneinander gekehrt, sondern ausschließlich gegen das britische Volk gerichtet waren. So schlummerten durch die Macht der Umstände die niedrigsten Grundlagen unserer Natur, oder sie wurden die wirksamsten Kräfte in der Forderung der edelsten Sache, in der Begründung und Erhaltung der bürgerlichen und religiösen Freiheit.

Aber dieser Gefühlszustand muß schwinden und schwindet mit den Umständen, die ihn erzeugt haben.

Natürlich bleiben die Szenen der Revolution unvergessen und werden nie ganz vergessen werden, aber wie alles andere verblassen sie in der Erinnerung der Welt und werden im Laufe der Zeit immer schwächer. In der Geschichte, hoffen wir, werden sie gelesen und wiedererzählt werden, solange wie man die Bibel liest; aber selbst das zugegeben, kann ihr Einfluß nicht derselbe wie vordem sein. Sie können nicht so allgemein bekannt sein und nicht so lebhaft empfunden werden wie von dem jetzt dahingegangenen Geschlecht. Am Schlusse jenes Kampfes hatte fast jeder erwachsene Mann an irgendeiner der Szenen teilgenommen. Die Folge war, daß von jenen Szenen in jeder Familie der Gatte, Vater, Sohn oder Bruder ein lebendes Zeugnis der Geschichte war — einer Geschichte, die die unzweifelhaften Zeugnisse ihrer eigenen Glaubwürdigkeit in den verstümmelten Gliedern, den Narben der Wunden trug, die gerade inmitten der erzählten Szenen erhalten waren —, einer Geschichte überdies, die von allen gelesen und verstanden werden

konnte, von den Klugen und Dummen, von den Gebildeten und
Ungebildeten. Aber dieſe Geſchichten ſind dahin, ſie können nicht
mehr geleſen werden. Sie waren eine Feſtung der Stärke, aber
was der eindringende Feind nie tun konnte, hat die ſchweigſame
Artillerie der Zeit vollbracht — ſie hat die Mauern dem Erdboden
gleichgemacht. Sie ſind dahin. Sie waren ein Wald von Rieſen-
eichen; aber der ruheloſe Sturm iſt über ſie dahingebrauſt und
hat nur hier und da einen einſamen Stamm gelaſſen, der ſeines
Grüns beraubt, ſeiner Blätter entkleidet iſt, ohne Schatten zu
ſpenden, nur noch im ſanften Säuſeln murmelt und mit ſeinen
verſtümmelten Gliedern gegen einige rauhere Stürme kämpft,
um dann dahinzuſinken und nicht mehr zu ſein.

Sie waren Säulen des Freiheitstempels; und nun ſie dahin-
gegangen ſind, muß der Tempel fallen, wenn wir, ihre Nachkommen,
ihre Plätze nicht durch andere Säulen erſetzen, die aus dem feſten
Steinbruch der nüchternen Vernunft gehauen ſind. Die Leiden-
ſchaft hat uns geholfen, aber ſie kann es nicht mehr tun. Sie wird
in Zukunft unſer Feind ſein. Die Vernunft — kalte, berechnende,
leidenſchaftloſe Vernunft — muß alle Beſtandteile zu unſerer zukünftigen Stütze und Verteidigung bieten. Jene Beſtandteile müſſen
allgemeine Intelligenz, geſunde Moral und insbeſondere Verehrung für die Verfaſſung und die Geſetze werden; und daß wir
bis zum Ende beſſerten, daß wir bis zum Ende frei blieben, daß wir
ſeinen Namen bis zum Ende verehrten, daß wir nicht duldeten, daß ein
feindlicher Fuß während ſeines langen Schlafes über ſeine Ruhe-
ſtätte ſchritt oder ſie entweihte, das ſoll unſer Waſhington erfahren,
wenn ihn einſt die Poſaune des jüngſten Gerichtes weckt.

Darauf ſoll der ſtolze Bau der Freiheit ruhen, wie der Fels auf
ſeinem Grunde; und ſo gewiß, wie von der einzig größeren Einrichtung geſagt worden iſt, „ſollen die Tore der Hölle nicht den Sieg
darüber davontragen".

Auszug aus einer Anſprache im Cooper Inſtitute, New York.
27. Februar 1860.

Wenn jemand heute aufrichtig glaubt, daß eine reinliche Scheidung
der Ortsautorität von der Bundesautorität oder von irgendeinem
Teile der Verfaſſung der Bundesregierung verbietet, die Aufſicht
über die Sklaverei in den Bundesterritorien zu führen, ſo hat er das
Recht, es zu ſagen und ſeine Behauptung durch jedes wahrhaftige

Beweismaterial und jede ehrliche Begründung durchzusetzen. Aber er hat nicht das Recht, andere, denen die Geschichte weniger zugänglich ist, und die keine Muße zu ihrem Studium haben, irrezuführen und ihnen den falschen Glauben beizubringen, daß „unsere Väter, die unsere heutige Verfassung entwarfen," derselben Meinung waren — und auf diese Weise Falschheit und Täuschung an Stelle wahrhaftigen Beweismaterials und ehrlicher Begründung zu setzen. Wenn jemand heute aufrichtig glaubt, „unsere Väter, die unsere heutige Verfassung entwarfen," wandten in anderen Fällen Grundsätze an, die sie zu der Einsicht hätten führen müssen, daß eine reinliche Scheidung der Ortsautorität von der Bundesautorität oder von irgendeinem Teile der Verfassung der Bundesregierung verbietet, die Aufsicht über die Sklaverei in den Bundesterritorien zu führen, so hat er das Recht, es zu sagen. Aber er sollte gleichzeitig die Verantwortung für die Behauptung auf sich nehmen, daß er nach seiner Meinung ihre Grundsätze besser versteht, als sie es selbst taten; und besonders sollte er jener Verantwortung nicht mit der Behauptung ausweichen, daß sie „die Frage ebensogut und sogar besser verstanden haben, als wir sie jetzt verstehen".

Aber genug! Mögen alle, die glauben, daß „unsere Väter, die unsere heutige Verfassung entwarfen', diese Frage ebensogut und sogar besser verstanden haben als wir jetzt", sprechen, wie sie gesprochen haben, und handeln, wie sie daraufhin gehandelt haben. Dies fordern, dies wünschen alle Republikaner in bezug auf die Sklaverei. Wie jene Väter sie bezeichneten, so soll sie wieder bezeichnet werden als ein Übel, das nicht vergrößert, aber geduldet und beschützt wird, nur weil und soweit sein jetziges Vorhandensein unter uns jene Duldung und jenen Schutz notwendig macht. Möchten alle Bürgschaften unserer Väter nicht widerwillig, sondern ganz und ehrlich aufrechterhalten werden. Dafür kämpfen die Republikaner, und damit werden sie, soweit ich weiß und glaube, zufrieden sein.

Und jetzt möchte ich einige Worte an die Bewohner der Südstaaten richten, wenn sie sie hören wollen — was sie vermutlich nicht wollen.

Ich möchte ihnen sagen: Ihr haltet euch für vernünftige und gerechte Leute, und ich denke, daß ihr im allgemeinen an Vernunft und Gerechtigkeit anderen Menschen nicht nachsteht. Wenn ihr jedoch von uns Republikanern sprecht, so brandmarkt ihr uns als Kriecher oder im besten Falle als nichts Besseres als Verbrecher. Piraten oder Mördern gewährt ihr Gehör, aber nicht so den „Schwarzen Republikanern". In allen euren Streitigkeiten miteinander sieht jeder von euch in der bedingungslosen Verdammung des „Schwarzen Republikanismus" das erste, wofür gesorgt werden muß. Ja, uns zu verdammen scheint eine unentbehrliche Vorbedingung, sozusagen eine Konzession zu sein, um unter euch überhaupt zum Sprechen zugelassen zu werden. Kann man euch nicht dazu bringen, damit einzuhalten und zu überlegen, ob das ganz gerecht gegen uns oder sogar gegen euch ist? Bringt eure Anklagen und Beschuldigungen Zug um Zug vor, hört dann geduldig zu, wie wir sie bestreiten oder uns verteidigen.

Ihr sagt, wir sind partikularistisch. Wir leugnen es. Das gibt eine Streitfrage, und euch fällt die Beweislast zu. Ihr bringt eure Beweismittel, und welche sind es? Unsere Partei besteht in euren Staaten nicht und erhält keine Stimmen bei euch. Die Tatsache ist wirklich wahr, aber beweist das den Schluß? Danach würden wir, wenn wir ohne eine Änderung unserer Grundsätze bei euch Stimmen bekamen, aufhören, partikularistisch zu sein. Dieser Schlußfolgerung könnt ihr euch nicht entziehen, und doch, wollt ihr dabei bleiben? In diesem Falle werdet ihr wahrscheinlich bald finden, daß wir nicht mehr partikularistisch sind, denn gerade in diesem Jahr werden wir bei euch Stimmen bekommen. Dann werdet ihr, da die Wahrheit einfach ist, entdecken, daß euer Beweis die Streitfrage nicht berührt. Die Tatsache, daß wir bei euch keine Stimmen bekommen, ist euer Werk, nicht unseres. Und wenn ein Fehler darin liegt, so ist das ursprünglich euer Fehler und bleibt es auch, bis ihr zeigt, daß wir euch durch einen falschen Grundsatz oder durch arglistiges Verfahren zurückweisen. Tun wir das, so liegt der Fehler auf unserer Seite; aber das bringt euch dahin, von wo ihr hättet ausgehen sollen — zu einer Erörterung, ob unser Grundsatz richtig oder falsch ist. Wenn unser Grundsatz, in die Praxis umgesetzt, eure Staaten zu unseren oder eines anderen Gunsten schädigen würde, so wäre er, und wir mit ihm, partikularistisch, und wir könnten mit Recht öffentlich so bezeichnet werden. Tretet uns also mit der Frage gegenüber, ob unser in die Praxis umgesetzter Grundsatz eure Staaten schädigen würde, und tretet uns so gegenüber, als wenn es möglich wäre, daß auf unserer Seite etwas gesagt wird. Nehmt ihr die Herausforderung an? Nein! Dann glaubt ihr wirklich, daß der Grundsatz, den „unsere Väter, die die heutige Verfassung entwarfen", für so zweifellos richtig hielten, um ihn anzunehmen und immer wieder durch ihren Amtseid zu bestätigen, in Wirklichkeit so zweifellos falsch ist, daß ihr ihn ohne einen Augenblick der Überlegung verurteilen müßt.

Einige von euch finden ein besonderes Vergnügen daran, uns gegenüber mit der Warnung gegen partikularistische Parteien zu prahlen, die Washington in seiner Abschiedsrede ausgesprochen hat. Nicht ganz acht Jahre, bevor er diese Warnung aussprach, hatte Washington als Präsident der Vereinigten Staaten ein Gesetz des Kongresses gebilligt und unterzeichnet, das das Sklavereiverbot im Nordwestlichen Territorium durchsetzte, ein Gesetz, das die Politik der Regierung in diesem Punkt bis zu dem Augenblick und in demselben Augenblick zum Ausdruck brachte, als er jene Warnung niederschrieb; und ein Jahr danach schrieb er an Lafayette, er halte jenes Verbot für eine weise Maßregel; zugleich sprach er die Hoffnung aus, wir würden einstmals einen Bund von Freistaaten bilden.

Wenn man dies bedenkt und sieht, daß seitdem gerade daraus der Partikularismus entstanden ist, ist dann jene Warnung eine Waffe in euren Händen gegen uns oder in unseren Händen gegen euch? Könnte Washington sprechen, würde er uns, die seine Politik durchführen, oder euch, die ihr sie verwerft, des Partikularismus bezichtigen? Wir achten jene Warnung Washingtons und empfehlen sie euch gleichzeitig mit dem Beispiel, das er gab, und das auf ihre richtige Anwendung hinweist.

Aber ihr sagt, ihr seid konservativ, in höchstem Grade konservativ, wir dagegen revolutionär, zerstörend oder etwas der Art. Was ist Konservatismus? Ist es nicht ein Festhalten an dem Alten und Erprobten gegen das Neue und Unerprobte? Wir bleiben derselben alten Politik über den strittigen Punkt treu, die von „unseren Vätern, die unsere heutige Verfassung entwarfen", angenommen wurde, und kämpfen dafür, während ihr einmütig jene alte Politik verwerft, verschmäht, verächtlich behandelt und durch etwas Neues ersetzen wollt. Allerdings seid ihr untereinander verschiedener Meinung darüber, wodurch ihr sie ersetzen sollt. Ihr seid uneins in bezug auf neue Entwürfe und Pläne, nur die alte Politik der Väter verwerft und klagt ihr einstimmig an. Einige sind für die Wiederbelebung des ausländischen Sklavenhandels; einige für ein Kongreßsklavengesetzbuch für die Territorien; einige wollen, der Kongreß solle den Territorien untersagen, die Sklaverei innerhalb ihrer Grenzen zu verbieten; einige wollen in den Territorien die Sklaverei durch das Gerichtswesen erhalten; einige sind für das „grrroße Prrrinzip", daß, „wenn ein Mensch einen anderen zum Sklaven macht, kein Dritter Widerspruch dagegen erheben soll", was man phantastisch „Volkssouveränität" nennt; aber keiner unter euch ist für ein Bundessklavereiverbot in den Bundesterritorien, nach dem Brauche „unserer Väter, die unsere heutige Verfassung entwarfen". Nicht einer eurer verschiedenen Entwürfe kann einen Vorläufer oder einen Verteidiger in dem Jahrhundert aufweisen, in dem unsere Verfassung ihren Ursprung hat. Überlegt also, ob euer angeblicher Konservatismus und die uns vorgeworfenen Umsturzgelüste mit gutem Grunde behauptet werden können.

Ferner sagt ihr, wir hätten die Sklavereifrage mehr in den Vordergrund gerückt als früher. Wir bestreiten das. Wir geben zu, daß sie mehr im Vordergrund steht, aber wir bestreiten, daß das unser Werk ist. Nicht wir, sondern ihr seid von der alten Politik der Väter abgegangen. Wir haben eurer Neuerung Widerstand entgegengesetzt und tun das noch; daher kommt es, daß die Frage mehr in den Vordergrund gerückt ist. Wollt ihr die Frage zu ihrer früheren Bedeutung zurückgeführt sehen? Kehrt zu jener alten Politik zurück! Was gewesen ist, wird unter denselben Bedingungen wieder sein. Wollt ihr den früheren Frieden, so nehmt die Richtschnur und Politik der alten Zeiten wieder an!

Ihr klagt, daß wir unter euren Sklaven Aufruhr erregen. Wir bestreiten das; und was ist euer Beweis? Harpers Fährboot. John Brown!! John Brown war kein Republikaner; und es ist euch mißlungen, einen einzigen Republikaner in sein Harpers Fährboot-Unternehmen zu verwickeln. Wenn irgendein Mitglied unserer Partei in jener Angelegenheit schuldig ist, so wißt ihr es, oder ihr wißt es nicht. Wißt ihr es, so ist es unverantwortlich von euch, daß ihr den Mann nicht bezeichnet und die Tatsache nicht beweist. Wißt ihr es nicht, so ist es unverantwortlich von euch, daß ihr es behauptet, und besonders, daß ihr auf der Behauptung besteht, nachdem der von euch versuchte Beweis mißglückt ist. Es braucht euch nicht erst gesagt zu werden, daß es einfach eine vorsätzliche verleumderische Beleidigung ist, wenn man auf einer Anklage besteht, von der man weiß, daß sie nicht wahr ist.

Einige von euch geben zu, daß kein Republikaner absichtlich der Harpers-Fährboot-Angelegenheit half oder sie ermutigte, bestehen aber trotzdem darauf, daß unsere Lehren und Erklärungen notwendig zu solchen Ergebnissen führen. Wir glauben das nicht. Wir wissen, wir verteidigen keine Lehre und geben keine Erklärung ab, an die sich nicht „unsere Väter, die die heutige Verfassung entwarfen", gehalten, und die sie nicht gegeben hätten. In dieser Sache habt

6*

ihr niemals aufrichtig gegen uns gehandelt. Als es geschah, standen wichtige Staatswahlen nahe bevor, und ihr waret augenscheinlich froh in dem Glauben, ihr würdet, indem ihr uns die Schuld zu= schobt, in jenen Wahlen einen Vorteil über uns erringen. Die Wahl kam, und eure Erwartungen erfüllten sich nicht ganz. Jeder Republikaner wußte, wenigstens was ihn selbst betraf, daß eure Anklage eine verleumderische Beleidigung war, und deshalb war er nicht sehr geneigt, zu euren Gunsten zu stimmen. Republikanische Lehren und Erklärungen sind von einem ständigen Protest begleitet gegen jede Einmischung zwischen euch und eure Sklaven. Das ermutigt sie sicher nicht zur Empörung. Allerdings erklären wir in Übereinstimmung mit „unseren Vätern, die unsere heutige Verfassung entwarfen", daß nach unserer Meinung die Sklaverei ein Unrecht ist; aber die Sklaven hören diese Erklärung nicht. Was wir auch sagen oder tun, die Sklaven werden kaum etwas von dem Bestehen einer republikanischen Partei wissen. Meiner Meinung nach würden sie es tatsächlich kaum wissen, wenn ihr uns nicht vor ihren Ohren falsch darstellen würdet. In euren politischen Kämpfen untereinander klagt jede Partei die andere der Sympathie mit dem schwarzen Republikanismus an; um der Anklage dann Nachdruck zu verleihen, erklärt sie schwarzen Republikanismus einfach für Empörung, Blut und Donner unter den Sklaven.

Sklavenaufstände sind jetzt nicht häufiger als vor Bildung der republikanischen Partei. Was führte den Southampton=Aufstand vor 28 Jahren herbei, bei dem wenigstens dreimal soviel Menschen das Leben verloren, als bei Harpers Fährboot? Ihr werdet eure sehr dehnbare Einbildungskraft kaum zu dem Schluß bringen können, daß Southampton „von dem schwarzen Republikanismus" erzeugt wurde. So wie die Dinge jetzt in den Vereinigten Staaten stehen, halte ich einen allgemeinen oder selbst sehr ausgedehnten Sklaven= aufstand nicht für möglich. Das unumgängliche Einvernehmen zur Tat kann nicht erreicht werden. Die Sklaven haben keine schnellen Verkehrsmittel, und aufwiegelnde freie Bürger, schwarze oder weiße, können es nicht liefern. Sprengstoffe sind überall in Masse vor= handen, aber es fehlt an den unentbehrlichen Verbindungszügen.

Von den Bewohnern der Südstaaten wird viel von der Liebe der Sklaven zu ihren Herren oder Herrinnen gesprochen, und wenig= stens ein Teil davon ist wahr. Eine Verschwörung für einen Auf= stand könnte kaum geplant und zwanzig Menschen mitgeteilt werden, ohne daß einer, um das Leben eines geliebten Herrn oder einer

Herrin zu retten, sie verraten würde. Das ist die Regel, und die Sklavenrevolution auf Haiti bildete keine Ausnahme davon, sondern war ein Fall unter ganz besonderen Umständen. Die Pulververschwörung der britischen Geschichte hat zwar nichts mit Sklaven zu tun, kann aber eher verglichen werden. In jenem Fall waren nur etwa zwanzig in das Geheimnis eingeweiht, und doch verriet einer, in seiner Besorgnis, einen Freund zu retten, die Verschwörung an jenen Freund, und das Unglück wurde dadurch abgewendet. Gelegentliche Vergiftungen durch Speisen, offene oder heimliche Morde auf freiem Feld und lokale Empörungen, die sich etwa auf zwanzig ausdehnen, werden als natürliche Folgen der Sklaverei weiter vorkommen; aber ein allgemeiner Sklavenaufstand wird meiner Meinung nach lange Zeit nicht in diesem Lande vorkommen. Wer das befürchtet oder erhofft, wird gleich enttäuscht werden.

Mr. Jefferson äußerte sich vor vielen Jahren darüber: „Es steht noch in unserer Macht, den Vorgang der Emanzipation und Deportation friedlich und so langsam zu lenken, daß das Übel unmerklich abnimmt, und an die Stelle der Sklaven, pari passu, freie weiße Arbeiter treten. Wird es dagegen der Gewalt überlassen, so muß die menschliche Natur bei der Aussicht schaudern."

Mr. Jefferson, und das tue auch ich, wollte damit nicht sagen, daß die Bundesregierung die Macht der Emanzipation habe. Er sprach von Virginia, und ich spreche, was die Macht der Emanzipation anbetrifft, nur von den Sklavenstaaten. Die Bundesregierung jedoch hat, wie wir betonen, die Macht, die Ausdehnung der Einrichtung zu beschränken, die Macht, zu verbürgen, daß es niemals einen Sklavenaufstand in einem amerikanischen Gebiet geben soll, das jetzt frei von Sklaverei ist.

John Browns Bestreben war ganz eigentümlich. Es war kein Sklavenaufstand, es war ein Versuch von Weißen, eine Empörung unter Sklaven zustande zu bringen, woran diese teilzunehmen sich weigerten. Er war tatsächlich so sinnwidrig, daß die Sklaven mit all ihrer Unwissenheit deutlich genug das Nichtgelingen voraussahen. In ihrer Philosophie entspricht die Angelegenheit den vielen in der Geschichte erzählten Versuchen, Kaiser und Könige zu ermorden. Ein Enthusiast denkt so lange über die Bedrückung eines Volkes nach, bis er sich vom Himmel zu seiner Befreiung bestimmt fühlt. Er wagt den Versuch, der meistens mit seiner eigenen Hinrichtung endet. Orsinis Attentat auf Louis Napoleon und John Browns auf Harpers Fährboot gleichen sich in ihrer Philosophie ganz genau.

Der Eifer, in dem einen Fall die Schuld auf das alte England, in dem anderen auf Neu-England zu schieben, widerlegt nicht die Gleichheit der beiden Dinge.

Und wieviel würde es euch nützen, wenn ihr mit Hilfe von John Brown, von Helpers Buch und dergleichen die republikanische Partei auflösen würdet? Die menschliche Tätigkeit kann bis zu einem gewissen Grade verändert werden, aber nicht die menschliche Natur. In diesem Volke lebt eine Meinung und ein Gefühl gegen die Sklaverei, dem wenigstens anderthalb Millionen Wähler Ausdruck verleihen. Diese Meinung und dies Gefühl könnt ihr nicht durch Sprengung der sich darum sammelnden politischen Organisationen zerstören. Ihr könnt kaum ein Heer zerstreuen, das sich angesichts eures schwersten Feuers aufgestellt hat. Aber wenn ihr es könnt, wieviel würdet ihr gewinnen, wenn ihr das Gefühl, das es schuf, aus dem friedlichen Kanal der Wahlurne in einen andern Kanal leiten würdet. Wie würde jener andere Kanal sein? Würde dadurch die Zahl der John Browns kleiner oder größer werden?

Aber ihr wollt lieber die Union sprengen, als euch einer Ableugnung eurer konstitutionellen Rechte unterwerfen.

Das klingt etwas rücksichtslos, aber es wäre zu entschuldigen, ja ganz zu rechtfertigen, wenn wir durch die bloße Gewalt der Zahl den Vorschlag machen würden, euch einiger Rechte zu berauben, die in der Verfassung deutlich niedergeschrieben sind. Das tun wir aber nicht.

Wenn ihr diese Erklärungen gebt, so weist ihr auf ein angebliches konstitutionelles Recht eurerseits hin, in die Bundesterritorien Sklaven zu nehmen und dort als euer Eigentum zu halten. Aber ein solches Recht steht nicht ausdrücklich in der Verfassung, sie schweigt sich buchstäblich über ein solches Recht aus. Wir dagegen bestreiten, daß ein solches Recht in der Verfassung besteht, selbst nicht durch stillschweigende Folgerung.

Ihr beabsichtigt also ganz einfach eine Vernichtung der Regierung, wenn man euch nicht eine Auslegung der Verfassung nach eurem Belieben erlaubt und zwar mit Bezug auf alle strittigen Punkte zwischen euch und uns. Ihr wollt herrschen oder auf alle Fälle zerstören.

Das ist ganz einfach eure Sprache. Ihr werdet vielleicht sagen, der höchste Gerichtshof habe die strittige Verfassungsfrage zu euren Gunsten entschieden. Das ist nicht ganz so. Aber abgesehen von

der juristischen Unterscheidung zwischen richterlichem Ausspruch
und Entscheid, hat der Gerichtshof in einer Art die Frage für euch
entschieden. Der Gerichtshof hat der Hauptsache nach gesagt, es sei
euer verfassungsmäßiges Recht, in die Bundesterritorien Sklaven
zu nehmen und sie dort als Eigentum zu halten. Wenn ich sage,
die Entscheidung wurde in einer Art getroffen, so meine ich, sie
wurde von einem geteilten Gerichtshof gefällt, von einer knappen
Mehrheit der Richter, die nicht ganz in den Gründen miteinander
übereinstimmten; sie ist so gefällt, daß ihre ausgesprochenen Anhänger über ihre Bedeutung untereinander uneins sind, und daß
sie hauptsächlich auf einer irrtümlichen Angabe der Tatsache gegründet ist, daß „das Eigentumsrecht an einem Sklaven deutlich
und ausdrücklich in der Verfassung bestätigt ist".

Wenn man aber die Verfassung prüft, so sieht man, daß das
Eigentumsrecht an einem Sklaven nicht „deutlich und ausdrücklich
darin bestätigt ist". Beachtet wohl, die Richter verpfänden nicht ihre
richterliche Meinung, daß ein solches Recht in der Verfassung stillschweigend mit einbegriffen ist; sie verpfänden nur ihre Wahrhaftigkeit, daß es „deutlich und ausdrücklich" darin bestätigt ist —
„deutlich", d. h. mit nichts anderem vermischt —, „ausdrücklich",
d. h. in Worten, die gerade das bedeuten, ohne jede Schlußfolgerung
und keiner anderen Deutung fähig.

Wenn sie nur ihre richterliche Meinung verpfändet hätten, daß
ein solches Recht in der Urkunde stillschweigend bestätigt ist, würde
es anderen freistehen zu zeigen, daß weder das Wort „Sklave" noch
„Sklaverei" in der Verfassung zu finden ist, ja, nicht einmal das
Wort „Eigentum" in irgendeiner Verbindung auf die Dinge Sklave
oder Sklaverei anspielt. Wo in der Verfassungsurkunde auf den
Sklaven angespielt wird, wird er eine „Person" genannt, und
wo auf die gesetzlichen Rechte seines Herrn mit Bezug auf ihn angespielt wird, wird davon als von „fälligen Diensten oder Arbeiten" gesprochen — als von einer Schuld, die in Diensten oder Arbeiten bezahlt
wird. Ebenso könnte man durch die zeitgenössische Geschichte beweisen, daß diese Art der Anspielung auf Sklaven und Sklaverei
— statt davon zu sprechen, absichtlich gebraucht wurde, damit aus
der Verfassung der Gedanke an ein Eigentumsrecht am Menschen
ausgeschlossen würde.

All das kann man leicht und bestimmt beweisen.

Wenn man diesen augenscheinlichen Irrtum zur Kenntnis der
Richter bringt, sollten sie dann nicht die irrtümliche Erklärung

zurückziehen und die darauf gegründete Schlußfolgerung nochmals erwägen?

Und dann muß man daran denken, daß „unsere Väter, die die heutige Verfassung entwarfen" — die Männer, die die Verfassung machten — diese selbe konstitutionelle Frage lange vorher zu unseren Gunsten entschieden haben und zwar, ohne daß ihre Meinungen dabei geteilt waren, ohne daß nachher über die Bedeutung ihre Meinungen geteilt waren, und soweit Beweise vorhanden sind, ohne daß sie auf einer irrtümlichen Angabe der Tatsachen begründet waren.

Fühlt ihr euch unter allen diesen Umständen wirklich berechtigt, diese Regierung zu sprengen, wenn nicht eine solche richterliche Entscheidung wie die eure sogleich als entscheidender und endgültiger Rechtsgrundsatz der politischen Tätigkeit dargelegt wird? Aber ihr wollt die Wahl eines republikanischen Präsidenten nicht hinnehmen! Kommt es dazu, so wollt ihr die Union zerstören; und dann sagt ihr, das große Verbrechen, sie zerstört zu haben, fällt auf uns! Das ist unverfroren. Ein Straßenräuber setzt mir die Pistole an das Ohr und murmelt zwischen den Zähnen: „Steh' und übergib mir alles, oder ich töte dich, und dann bist du ein Mörder!"

Was der Räuber von mir verlangte, mein Geld, war mein Eigentum, und ich hatte ein ausgesprochenes Recht, es zu behalten; aber es gehörte mir nicht mehr, als mir meine Stimme gehört, und die Bedrohung mit dem Tode, um mir mein Geld mit Gewalt zu entreißen, und die Drohung, die Union zu sprengen, um meine Stimme zu erzwingen, lassen sich im Prinzip kaum unterscheiden.

Nun einige Worte an die Republikaner. Es ist ganz besonders zu wünschen, alle Teile dieses großen Bundes mögen in Frieden und in Harmonie miteinander leben. Wir Republikaner wollen unser Teil dazu tun. Obgleich wir heftig herausgefordert werden, wollen wir nichts in der Leidenschaft und in der Gereiztheit tun. Obgleich die Bewohner der Südstaaten gar nicht auf uns hören, wollen wir ihre Forderungen ruhig überlegen und sie gewähren, wenn wir es nach unserer wohlerwogenen Pflicht tun können. Wir wollen all ihr Sagen und Tun erwägen und die Art und Natur ihres Streites mit uns, und wollen dann tun, was sie befriedigt.

Werden sie nun zufrieden sein, wenn ihnen die Territorien bedingungslos überliefert werden? Wir wissen, daß ihnen das nicht genügt. In all ihren Klagen gegen uns werden die Territorien kaum erwähnt. Einfälle und Aufstände sind jetzt die Streitgegen-

ſtände. Wird es ſie befriedigen, wenn wir in Zukunft nichts mit
Einfällen und Aufſtänden zu tun haben? Nein. Wir wiſſen, daß
wir niemals mit Einfällen und Aufſtänden etwas zu tun hatten,
und doch befreit uns das nicht von der Anklage und Denunziation.

Die Frage entſteht: Was wird ſie denn befriedigen? Einfach das:
wir müſſen ſie nicht nur ſich ſelbſt überlaſſen, wir müſſen ſie auch
davon überzeugen, daß wir ſie ſich ſelbſt überlaſſen. Das iſt keine
leichte Aufgabe, wie wir aus Erfahrung wiſſen. Wir haben das
vom Anfang unſerer Organiſation an getan, aber ohne Erfolg.
In all unſeren Programmen und Reden haben wir ſtändig unſere
Abſicht, ſie ſich ſelbſt zu überlaſſen, beteuert, aber ſie haben ſich davon
nicht überzeugen laſſen. Ebenſo vergeblich war es, ſie von der
Tatſache zu überzeugen, daß ſie niemals einen von uns dabei ertappt
haben, ſie zu ſtören.

Was wird ſie denn überzeugen, wenn dieſe natürlichen und an=
ſcheinend erſchöpfenden Mittel fehlgeſchlagen haben? Nur allein
dies: Nennt die Sklaverei kein Unrecht mehr, ja, ihr müßt ſie mit
ihnen vereint ein Recht nennen. Und das muß gründlich geſchehen
— in Taten wie in Worten. Das Schweigen wird nicht geduldet
werden, wir müſſen uns offen zu ihnen ſtellen. Senator Douglas'
neues Aufruhrgeſetz muß zum Geſetz erhoben und durchgeſetzt werden,
und dadurch müſſen alle Erklärungen, daß die Sklaverei ein Unrecht
iſt, in der Politik, in der Preſſe, auf der Kanzel und im geheimen
unterdrückt werden. Wir müſſen ihre flüchtigen Sklaven mit großem
Vergnügen verhaften und zurückſchicken. Wir müſſen unſere frei=
ſtaatlichen Landesverfaſſungen einreißen. Die ganze Atmoſphäre
muß von jedem Anſtrich eines Widerſtandes gegen die Sklaverei
gereinigt werden, denn eher werden ſie nicht aufhören zu glauben,
daß alle ihre Unruhen durch uns entſtehen.

Ich weiß wohl, daß ſie ihren Fall nicht genau ſo erklären. Die
meiſten würden wahrſcheinlich zu uns ſagen: „Laßt uns allein,
tut uns nichts, und ſagt über die Sklaverei, was ihr wollt." Aber
wir überlaſſen ſie ſich ſelbſt, haben ſie nie geſtört — alſo erregt doch
das, was wir ſagen, ihren Unwillen. Sie werden fortfahren, uns
wegen unſerer Taten anzuklagen, bis wir aufhören zu ſprechen.

Ich weiß auch, daß ſie noch nicht ausdrücklich die Vernichtung
unſerer freiſtaatlichen Landesverfaſſungen verlangt haben. Aber
dieſe Verfaſſungen betonen das Unrecht der Sklaverei feierlicher
als alles, was dagegen geſagt worden iſt; und wenn alles Gerede
zum Stillſchweigen gebracht worden iſt, werden ſie die Vernichtung

dieser Verfassungen verlangen, und nichts kann dieser Forderung widerstehen. Es bedeutet nicht das Gegenteil, wenn sie jetzt nicht das Ganze fordern. Bei dem, was sie fordern und warum sie es fordern, können sie aus freien Stücken nicht vor der Vollendung stehen bleiben. Da sie daran festhalten, daß die Sklaverei moralisch berechtigt und sozial förderlich ist, können sie nicht damit aufhören, ihre volle nationale Anerkennung als ein gesetzliches Recht und eine soziale Segnung zu verlangen.

Auch wir können sie rechtmäßig aus keinem anderen Grunde versagen, als dem, daß nach unserer Überzeugung die Sklaverei ein Unrecht ist. Wenn die Sklaverei berechtigt ist, so sind alle Worte, Gesetze und Verfassungen dagegen selbst falsch und sollten fortgeräumt werden. Wenn sie berechtigt ist, können wir gegen ihre Vernünftigkeit, ihre Allgemeinheit nichts einwenden; ist sie dagegen ein Unrecht, so können sie nicht auf ihrer Ausdehnung, ihrer Erweiterung bestehen. Alle ihre Forderungen könnten wir bereitwillig erfüllen, wenn wir die Sklaverei für recht hielten, alle unsere Forderungen könnten sie ebenso bereitwillig erfüllen, wenn sie sie für unrecht hielten. Die ganze Streitfrage beruht auf der Tatsache, daß sie die Sklaverei für berechtigt und wir sie für unberechtigt halten. Deshalb sind sie nicht zu tadeln, wenn sie die volle Anerkennung wünschen, aber können wir sie von unserem Standpunkt aus gewähren? Können wir unsere Stimmen mit den ihren vereinen, gegen unsere eigene Ansicht? Können wir das angesichts unserer moralischen, sozialen und politischen Verantwortlichkeit?

Trotzdem wir die Sklaverei für falsch halten, können wir sie doch dort lassen, wo sie ist, weil die Notwendigkeit, die sich aus ihrem tatsächlichen Vorhandensein im Volke ergibt, sehr berücksichtigt werden muß; aber können wir ihre Verbreitung auf die nationalen Territorien zulassen und ihre Ausdehnung auf diese freien Staaten, während unsere Stimmen das verhindern könnten? Wenn unser Pflichtgefühl uns das verbietet, dann wollen wir furchtlos und mit Nachdruck bei unserer Pflicht bleiben. Die sophistischen Anschläge, mit denen wir so eifrig bearbeitet werden, sollen uns nicht davon abbringen — Anschläge, die nach einem Mittelweg zwischen Recht und Unrecht suchen; so vergeblich wie das Suchen nach einem Menschen, der weder lebendig noch tot ist; Anschläge wie die Politik des „Sichnichtkümmerns" um eine Frage, um die jeder rechte Mann sich kümmern muß; wie die flehentlichen Bitten der Union an alle wahren Unionsmänner, den Nichtunierten nachzugeben, wodurch

das göttliche Gesetz umgekehrt und nicht die Sünder, sondern die
Gerechten zur Reue aufgerufen werden; oder wie die Aufrufe gegen
Washington, die Männer anflehen, ungesagt und ungeschehen zu
machen, was Washington gesagt und getan hat. Wir wollen uns
auch nicht von unserer Pflicht ablenken lassen durch falsche Anklagen
gegen uns, noch uns abschrecken lassen durch Drohungen, die Regierung zu sprengen oder uns in den Kerker zu bringen. Wir wollen des
Glaubens leben, daß Recht Starke gibt, und in diesem Glauben
wollen wir bis zum Ende unsere Pflicht tun, so wie wir sie verstehen.

Auszug aus der ersten Antrittsrede.

4. März 1861.

Die Bewohner der Südstaaten scheinen zu befürchten, daß
durch eine republikanische Verwaltung ihr Eigentum, ihr Friede
und ihre persönliche Sicherheit gefährdet werden. Einen vernünftigen Grund für solche Furcht hat es nie gegeben. Ja, der größte
Beweis für das Gegenteil hat ihnen jederzeit vorgelegen, und
zwar in fast allen meinen Reden. Ich führe nur ein Beispiel aus
einer jener Reden an, wenn ich erkläre, daß „ich nicht beabsichtige,
weder direkt noch indirekt, in den Staaten, in denen die Einrichtung
der Sklaverei besteht, mich damit zu befassen. Meiner Meinung
nach habe ich nach dem Gesetz kein Recht dazu, und ich bin auch nicht
geneigt, es zu tun." Wer mich als Kandidaten aufgestellt und gewählt hat, kannte auch diese und viele ähnliche Erklärungen genau
und wußte, daß ich sie nie widerrufen hatte. Überdies wurde in
das von mir angenommene Programm (Platform), das für meine
Wähler und mich verbindlich war, folgende deutliche Resolution
aufgenommen, die ich jetzt verlese:

Die unverletzte Aufrechterhaltung der staatlichen Rechte und
besonders das Recht jedes Staates, seine eigenen inneren Einrichtungen ausschließlich nach seinem eigenen Urteil zu regeln und
zu beaufsichtigen, ist wesentlich für das Gleichgewicht der Macht,
von dem die Vollkommenheit und Dauer unseres politischen Ge-
füges abhangt, und wir erklären das ungesetzliche Eindringen einer
bewaffneten Macht in das Gebiet irgendeines Staates oder Terri-
toriums, ganz gleich unter welchem Vorwand, für das schwerste
Verbrechen.

Ich wiederhole nun diese Gedanken und will damit vor der Öffentlichkeit auf das schlagendſte den Beweis liefern, daß das Eigentum, der Friede und die Sicherheit keines Landesteils irgendwie
durch die neue Verwaltung gefährdet werden ſollen. Ich ſuge
noch hinzu, daß jeder Schutz, der mit der Verfaſſung und den Geſetzen vereinbar iſt, allen Staaten, die geſetzmäßig darum bitten,
freudig gewährt werden ſoll, und zwar einem Landesteil ſo freudig
wie dem anderen.

Es herrſcht viel Streit über die Befreiung der Flüchtigen von dem
Heeresdienſt oder der Arbeit. Die Klauſel, die ich jetzt verleſe, iſt ſo
deutlich in der Verfaſſung geſchrieben, wie irgendeine andere ihrer
Beſtimmungen.

Niemand, der zum Heeresdienſt oder zur Arbeit in einem Staate
unter deſſen Geſetzen gehalten wird und in einen anderen Staat
entflieht, ſoll infolge eines Geſetzes oder einer Verfügung von
ſolchem Heeresdienſt oder ſolcher Arbeit befreit werden, ſondern er
ſoll auf den Anſpruch der Partei, der dieſer Heeresdienſt oder dieſe
Arbeit zuſteht, ausgeliefert werden.

Es iſt kaum fraglich, daß dieſe Beſtimmung von ihren Urhebern
für die Rückforderung der ſogenannten flüchtigen Sklaven getroffen wurde; und die Abſicht des Geſetzgebers iſt das Geſetz. Alle
Kongreßmitglieder beſchwuren die Aufrechterhaltung der geſamten
Verfaſſung — dieſer Beſtimmung ſowohl wie jeder anderen. Den
Satz alſo, daß Sklaven, deren Fall innerhalb der Grenzen dieſer
Klauſel liegt, „ausgeliefert werden ſollen", haben ſie einſtimmig
beeidet. Wenn ſie ſich nun in guter Stimmung bemühen wollten,
könnten ſie nicht faſt ebenſo einſtimmig ein Geſetz entwerfen und
durchbringen, durch das ſie jenen einſtimmigen Eid gut halten
könnten?

Es herrſchen Meinungsverſchiedenheiten darüber, ob dieſe Klauſel
durch Unions- oder einzelſtaatliche Autorität durchgeſetzt werden ſoll;
aber jener Unterſchied iſt ſicherlich nicht ſehr weſentlich. Wenn der
Sklave ausgeliefert werden muß, kann es für ihn oder andere nur
von geringer Bedeutung ſein, durch welche Autorität das geſchieht.
Und ſollte jemand jemals damit zufrieden ſein, daß ſein Eid un-
befolgt bleibt bloß wegen der unweſentlichen Streitfrage, wie er
befolgt werden ſoll?

Sollten nicht andererſeits in jedem Geſetz über dieſen Gegenſtand
alle Bürgſchaften der Freiheit, die in einer ziviliſierten und humanen
Rechtskunde bekannt ſind, eingeführt werden, damit ein freier

Mann niemals in die Lage kommt, als Sklave ausgeliefert zu werden? Und wäre es nicht gut, gleichzeitig durch Geſetz für die Durchführung jener Verfaſſungsklauſel Sorge zu tragen, die dafür bürgt, daß „der Bürger jedes Staates Anſpruch auf alle Vorrechte und Frei= heiten der Bürger in den verſchiedenen Staaten haben ſoll?"

Ich lege heute den Amtseid ab ohne jeden geiſtigen Vorbehalt, und ich beabſichtige nicht, die Verfaſſung oder die Geſetze durch hyperkritiſche Vorſchriften auszulegen. Und während ich jetzt nicht beſondere Kongreßbeſchlüſſe aufführen will, deren Durchſetzung leicht ſein wird, weiſe ich darauf hin, daß es viel ſicherer für alle, ſeien ſie in amtlichen oder privaten Stellungen, iſt, ſich dieſen un= aufgehobenen Geſetzen anzupaſſen und bei ihnen zu bleiben, als ſie zu verletzen in dem Vertrauen, ungeſtraft zu bleiben, weil ſie ſie für nicht verfaſſungsmäßig gehalten haben.

Dies Land mit ſeinen Einrichtungen gehört dem Volke, das es bewohnt. Iſt das Volk der beſtehenden Regierung überdrüſſig, ſo kann es ſein konſtitutionelles Recht ausüben zur Verbeſſerung der Regierung oder ſein revolutionäres Recht zu ihrem Sturz. Ich weiß ſehr wohl, daß viele würdige und patriotiſche Bürger die Staatsverfaſſung zu verbeſſern wünſchen. Ich empfehle keine Verbeſſerungen, aber ich erkenne durchaus die rechtmäßige Macht= vollkommenheit des Volkes in der ganzen Frage an, wenn ſie auf eine der Arten ausgeübt wird, wie die Verfaſſungsurkunde ſelbſt ſie vorſchreibt, und unter den jetzigen Umſtänden würde ich eine dem Volke gewährte billige Gelegenheit eher begünſtigen, als ihr entgegen ſein. Ich ſage weiter, daß mir die Konvention vorteil= hafter ſcheint, da ſie geſtattet, im Verein mit dem Volke Verbeſſe= rungen zu ſchaffen, ſtatt ihm nur zu erlauben, Anträge anzunehmen oder zu verwerfen, die von anderen, nicht beſonders zu dem Zwecke gewählten Männern ausgehen, Anträge, die nicht genau ſo ſind, daß ſie ihre Annahme oder Verwerfung wünſchen. Ich erfahre, daß eine vorgeſchlagene Verfaſſungsverbeſſerung, die ich jedoch nicht geſehen habe — im Kongreß durchgegangen iſt, wonach die Bundesregierung ſich nie in die inneren Angelegenheiten der Staaten einmiſchen darf, was ſich auch auf Perſonen bezieht, die im Dienſt gehalten werden. Um ein Mißverſtändnis meiner Worte zu ver= hüten, gehe ich von meiner Abſicht, nicht von beſonderen Ver= beſſerungen zu ſprechen, ſo weit ab, um zu ſagen, daß ich keinen Einwand erhebe, wenn eine ſolche Beſtimmung ausdrücklich und unwiderruflich in das Verfaſſungsgeſetz eingefügt wird.

Der erste Beamte leitet seine ganze Macht von dem Volke ab,
und ihm ist keine übertragen worden, um Bedingungen für die
Trennung der Staaten durchzusetzen. Das Volk selbst kann dies
tun, wenn es will, aber der vollziehende Beamte als solcher hat
nichts damit zu tun. Er hat die Pflicht, die bestehende Regierung
auszuüben, wie sie in seine Hände gelangte, und sie unvermindert
seinem Nachfolger zu übergeben.

Warum sollte man nicht ein geduldiges Vertrauen in die endliche
Gerechtigkeit des Volkes setzen? Gibt es eine bessere oder gleiche
Hoffnung auf der Welt? Glaubt in unseren jetzigen Schwierigkeiten nicht jede Partei, im Recht zu sein? Wenn der allmächtige
Herrscher der Völker mit seiner ewigen Wahrheit und Gerechtigkeit
auf der Seite des Nordens oder auf der des Südens ist, wird
jene Wahrheit und Gerechtigkeit sicherlich den Sieg davontragen
durch das Urteil dieses großen Gerichtshofes des amerikanischen
Volkes.

Durch das Gefüge der Verfassung, unter der wir leben, hat dieses
selbe Volk in weiser Voraussicht seinen öffentlichen Dienern nur
wenig Macht zum Unheil gegeben, und mit derselben Weisheit hat es dafür gesorgt, daß diese kleine Macht in sehr kurzen
Zwischenräumen wieder in seine Hände zurückkehrt. Solange das
Volk tüchtig und wachsam bleibt, kann keine Verwaltung in der
kurzen Spanne von vier Jahren selbst bei äußerster Schlechtigkeit
oder Torheit die Regierung sehr ernstlich gefährden.

Liebe Landsleute, denkt alle, einer wie der andere, ruhig und
gehörig über all diese Dinge nach. Nichts Wertvolles kann verloren
gehen, wenn man sich Zeit nimmt. Wenn es irgend etwas gibt,
das euch in hitziger Hast zu einem Schritt drängt, den ihr mit Überlegung nie tun würdet, so wird es vereitelt werden, wenn ihr euch
Zeit laßt; aber nichts Gutes kann dadurch vereitelt werden. Die
unter euch, die jetzt unzufrieden sind, haben noch die alte Verfassung
ungeschwächt und, was den empfindlichen Punkt betrifft, die von euch
selbst entworfenen Gesetze, während die neue Verwaltung keine unmittelbare Macht hat, etwas zu ändern, selbst wenn sie wollte.
Zugegeben, daß in dem Streite das Recht auf seiten der Unzu-
friedenen ist, so gibt es noch keinen einzigen vernünftigen Grund,
das Handeln zu beschleunigen. Intelligenz, Vaterlandsliebe,
Christentum und ein festes Vertrauen auf ihn, der noch nie sein
geliebtes Land verlassen hat, reichen noch aus, um auf die beste
Art alle unsere Schwierigkeiten zu heben.

In euren Händen, unzufriedene Landsleute, und nicht in meinen liegt der folgenschwere Ausgang des Bürgerkrieges. Die Regierung wird euch nicht angreifen. Ihr könnt nur in einen Konflikt geraten, wenn ihr selbst die Angreifer seid. Ihr seid dem Himmel nicht eidlich verpflichtet, die Verfassung zu vernichten, ich aber habe den feierlichsten Eid geleistet, „sie zu erhalten, zu beschützen und zu verteidigen".

Ich schließe nur ungern. Wir sind keine Feinde, sondern Freunde, wir dürfen keine Feinde sein. Die Leidenschaft hat zwar unser Freundschaftsband gespannt, darf es aber nicht sprengen. Die mystischen Saiten der Erinnerung, die sich von jedem Schlachtfeld und Patriotengrab zu jedem lebenden Herzen und jedem Herde über diesem ganzen weiten Lande spannen, werden den Chor der Union wieder zum Tönen bringen, wenn, wie es sicherlich sein wird, die besseren Engel unserer Natur sie wieder rühren.

Lehte Befreiungsproklamation.
1. Januar 1863
Von dem Präsidenten der Vereinigten Staaten Amerikas.
Eine Proklamation.

Sintemal am 22. Tage des September im Jahre unseres Herrn 1862 von dem Präsidenten der Vereinigten Staaten eine Proklamation erlassen wurde, die unter anderem folgendes enthält:

„Daß am ersten Tage des Januar im Jahre unseres Herrn 1863 alle Personen, die in einem Staate oder bestimmten Teil eines Staates, dessen Bewohner zu der Zeit im Aufruhr gegen die Vereinigten Staaten sind, von der Zeit an und für immer frei sein sollen, und die vollziehende Staatsgewalt der Vereinigten Staaten mit Einschluß der Militär- und Marinegewalt die Freiheit solcher Personen anerkennen und erhalten wird und nichts tun wird, um solche Personen oder eine von ihnen in ihren Bemühungen für ihre tatsächliche Freiheit zu hindern.

Daß die vollziehende Staatsgewalt am ersten Tage des vorher erwähnten Januar durch Proklamation die Staaten und Teile von Staaten bezeichnen wird, deren Bewohner sich dann im Aufruhr gegen die Vereinigten Staaten befinden, und die Tatsache, daß irgendein Staat oder seine Bewohner an jenem Tage bona fide im Kongreß der Vereinigten Staaten durch Mitglieder vertreten ist, die dazu bei Wahlen, an denen eine Mehrzahl der berechtigten

Wähler solchen Staates teilgenommen hat, erkoren wurden, soll beim Fehlen entgegenwirkender Zeugnisse als ausschlaggebender Beweis dafür angesehen werden, daß ein solcher Staat und seine Bewohner sich zur Zeit nicht im Aufruhr gegen die Vereinigten Staaten befinden."

Deshalb bezeichne ich, Abraham Lincoln, Präsident der Vereinigten Staaten, kraft der mir verliehenen Macht als Oberbefehlshaber des Heeres und der Flotte der Vereinigten Staaten, zur Zeit wirklichen bewaffneten Aufruhrs gegen die Autorität und die Regierung der Vereinigten Staaten, und als geeignete und notwendige Kriegsmaßregel, zur Unterdrückung besagten Aufstandes, an diesem ersten Tage des Januar im Jahre unseres Herrn 1863, und übereinstimmend mit meiner Absicht, das zu tun, was öffentlich ganze 100 Tage von obem den erwähnten Tage an kundgegeben war, als Staaten und Teile von Staaten, deren Bewohner sich am heutigen Tage im Aufruhr gegen die Vereinigten Staaten befinden, folgende:

Arkansas, Texas, Louisiana (ausgenommen die Kirchspiele St. Bernard, Plaquemines, Jefferson, St. John, St. Charles, St. James, Ascension, Assumption, Terre Bonne, Lafourche, St Mary), St Martin und Orleans mit Einschluß der Stadt New Orleans), Mississippi, Alabama, Florida, Georgia, Süd-Carolina, Nord-Carolina und Virginia (ausgenommen die 48 als West-Virginia bezeichneten Kreise und auch die Kreise Berkeley, Accomac, Northampton, Elizabeth City, York, Princeß Ann und Norfolk mit Einschluß der Städte Norfolk und Portsmouth), und gebiete, daß die nicht aufgeführten Teile vorläufig genau so gelassen werden, als ob diese Proklamation nicht erlassen worden wäre.

Kraft der Gewalt und zum vorher erwähnten Zweck befehle und bestimme ich, daß alle als Sklaven in den genannten Staaten und Teilen von Staaten gehaltenen Personen frei sind und es von jetzt an bleiben sollen; und daß die vollziehende Staatsgewalt der Vereinigten Staaten mit Einschluß der Militär- und Marinebehörden die Freiheit besagter Personen anerkennen und erhalten wird.

Und ich mache den hierdurch für frei erklärten Personen zur Pflicht, sich aller Gewalttätigkeiten zu enthalten, es sei denn in der Notwehr, und ich empfehle ihnen, in allen Fällen, wo es gestattet ist, treu gegen mäßigen Lohn zu arbeiten.

Und ich bestimme weiter und mache bekannt, daß geeignete Personen zum bewaffneten Heeresdienst in den Vereinigten Staaten zugelassen werden auf Forts, Stationen und zu anderen Stellen und zur Bemannung von Schiffen aller Art.

Und für diese Verfügung, die ich entschieden für einen Akt der Gerechtigkeit halte, und die als militärische Notwendigkeit durch die Verfassung bestatigt wird, rufe ich das gereifte Urteil der Menschheit und die gutige Gnade des allmächtigen Gottes an.

Zum Zeugnis habe ich hierher meine Unterschrift gesetzt und das Siegel der Vereinigten Staaten hinzufugen lassen.

Gegeben in der Stadt Washington, am ersten Tage des Januar im Jahre unseres Herrn 1863 und im 87. Jahre nach der Unabhängigkeitserklärung der Vereinigten Staaten Amerikas.

L. S.   Abraham Lincoln.

Außer dem Präsidenten: William H Seward, Staatssekretar.

Rede bei der Einweihung des Nationalfriedhofes von Gettysburg.

19 November 1863.

Vor 87 Jahren brachten unsere Väter auf diesem Kontinent ein neues Volk hervor, in Freiheit empfangen und dem Gedanken geweiht, daß alle Menschen gleich geschaffen sind.

Jetzt führen wir einen großen Bürgerkrieg, der erproben soll, ob ein Volk, das so empfangen und solchem Gedanken geweiht wurde, lange bestehen kann. Wir haben uns hier versammelt auf einem großen Schlachtfelde jenes Krieges. Wir wollen einen Teil jenes Feldes als letzten Ruheplatz für die Kämpfer weihen, die hier ihr Leben hingaben, damit dieses Volk leben konnte. Uns aber fürwahr gebührt und geziemt es, dies zu tun.

Aber in weiterem Sinne können wir diesen Boden nicht weihen, nicht heiligen, nicht segnen. Die tapferen Männer, die lebenden und die toten, die hier gekämpft haben, haben ihn geheiligt, weit über das, was unsere arme Kraft hinzutun oder wegnehmen kann. Was wir hier sagen, wird die Welt wenig beachten, noch lange in Erinnerung behalten, aber was jene taten, kann sie nie vergessen. Wir, die Lebenden, werden hier vielmehr zu dem unvollendeten Werk geweiht, das diese Kämpfer so weit und so tapfer gefördert haben. Wir werden hier geweiht zu der großen Aufgabe, die uns noch bleibt, damit wir von diesen verehrten Toten eine größere Hingebung an die Sache lernen, der sie das letzte volle Maß ihrer Hingebung opferten, damit wir hier den festen Entschluß fassen, diese

Toten sollen nicht vergebens gestorben sein; damit dieses Volk unter Gott eine neue Geburt der Freiheit erlebt, und damit die Herrschaft des Volkes durch das Volk und für das Volk nicht von der Erde verschwinde.

Brief an Frau Bixby,

Executive Mansion, Washington, 21. November 1864.

Frau Bixby, Boston, Massachusetts.

Sehr geehrte Frau!

In den Akten des Kriegsministeriums hat man mir einen Bericht des ersten Stabsoffiziers von Massachusetts gezeigt, wonach Sie die Mutter von fünf Söhnen sind, die ruhmvoll auf dem Schlachtfeld gefallen sind. Ich fühle, wie schwach und nutzlos jeder Versuch von mir sein muß, Sie über den Gram um einen so überwaltigenden Verlust täuschen zu wollen. Ich kann Sie nur auf den Trost hinweisen, den Sie vielleicht in dem Dank der Republik finden, für deren Rettung Ihre Söhne starben. Möge unser himmlischer Vater die Qual Ihres schmerzlichen Verlustes lindern und Ihnen nur die zärtliche Erinnerung an die Geliebten und Verlorenen lassen, zugleich aber auch den heiligen Stolz, daß Sie ein so kostbares Opfer auf dem Altare der Freiheit niedergelegt haben.

Mit aufrichtiger Verehrung

Ihr

Abraham Lincoln.

Zweite Antrittsrede.

4. März 1865.

Mitbürger! Jetzt, wo ich zum zweiten Male vor euch erscheine, um den Eid als Präsident abzulegen, ist weniger Gelegenheit zu einer umfangreichen Rede als beim ersten Male. Damals schien eine etwas ins einzelne gehende Darlegung des einzuschlagenden Weges richtig und geeignet. Jetzt, nach Ablauf von vier Jahren, in deren Verlauf öffentliche Erklärungen über jede Phase des großen Kampfes, der noch die Aufmerksamkeit der Nation ganz in Anspruch nimmt und alle Kräfte erfordert, ständig nötig waren, kann nur wenig Neues gesagt werden. Die Erfolge unserer Waffen, wovon alles andere hauptsächlich abhängt, sind der Öffentlichkeit so gut bekannt wie mir; und sie sind, denke ich, ziemlich befriedigend und für alle ermutigend. Ich hege große Hoffnung für die Zukunft, aber ich wage keine Weissagung.

Damals, vor vier Jahren, waren aller Gedanken besorgt auf einen drohenden Bürgerkrieg gerichtet. Alle fürchteten ihn — alle suchten ihn abzuwenden. Während ich von dieser Stelle aus die Antritts= rede hielt, die ganz dem Zweck diente, die Union ohne einen Krieg zu erhalten, suchten aufrührerische Agenten in der Stadt sie ohne Krieg zu vernichten — suchten die Union aufzulösen. Beide Parteien verwünschten den Krieg; aber die eine wollte lieber Krieg führen, als die Nation weiter leben lassen, während die andere lieber den Krieg annehmen, als sie untergehen lassen wollte. Und der Krieg kam.

Ein Achtel der gesamten Bevölkerung bestand aus farbigen Sklaven, die nicht über die Union gleich verteilt, sondern auf ihren süd= lichen Teil beschränkt waren. Diese Sklaven bildeten ein besonderes und mächtiges Interesse. Alle wußten, daß dies Interesse so oder so die Ursache zum Kriege war. Dieses Interesse zu stärken, zu erhalten und auszubreiten, war das Ziel, um dessentwillen die Aufrührer selbst durch Krieg die Union sprengen wollten, wohingegen die Re= gierung nur das Recht beanspruchte, die territoriale Erweiterung des Rechts der Sklavenhaltung zu beschränken.

Keine Partei erwartete, daß der Krieg diese Ausdehnung annehmen oder so lange dauern würde. Auch sah man nicht vorher, daß die Ursache des Streites mit einer Beilegung aufhören würde oder noch ehe der Streit selbst aufgehört hatte. Jede Partei hielt den Sieg für leichter und das Ergebnis für weniger grundlegend und erstaun= lich. Beide lesen dieselbe Bibel und beten zu demselben Gotte, und jede ruft seine Hilfe gegen die andere an. Es mag seltsam scheinen, daß Menschen es wagen, um des gerechten Gottes Hilfe zu bitten, wenn sie ihr Brot aus dem Schweiße andrer Menschen erpressen; aber laßt uns nicht richten, auf daß wir nicht gerichtet werden. Die Gebete beider Parteien konnten nicht erhört werden — das Gebet keiner ist ganz erhört worden.

Der Allmächtige hat seine eigenen Ziele. „Wehe der Welt der Ärgernis halber! Es muß ja Ärgernis kommen; aber wehe dem Menschen, durch welchen Ärgernis kommet." Wenn wir annehmen, daß die amerikanische Sklaverei eines jener Ärgernisse ist, das nach der göttlichen Vorsehung notgedrungen kommen mußte, das sie aber nun, nachdem es die bestimmte Zeit gedauert hat, entfernen will, und daß sie dem Norden und dem Süden diesen schrecklichen Krieg gibt als das von denen verschuldete Leid, durch die das Ärgernis kam,

sollen wir nun darin ein Aufgeben jener göttlichen Eigenschaften
erkennen, die jeder, der an einen lebendigen Gott glaubt, ihm immer
zuschreibt? Gern hoffen wir — inbrünstig flehen wir — daß diese
gewaltige Kriegsgeißel schnell vorübergehen möge. Aber wenn
Gott will, daß sie dauern soll, bis alle die von Sklaven in 250
Jahren unvergoltener Arbeit aufgehäuften Schätze versunken sind,
und bis jeder durch einen Peitschenhieb vergossene Tropfen Blut
durch einen andern bezahlt worden ist, den das Schwert vergießt,
wie vor 3000 Jahren gesagt worden ist, so müssen wir doch sagen:
„Des Herrn Gerichte sind wahrhaftig und gerecht."

Mit Haß gegen niemand, mit Nächstenliebe für alle, mit Treue
gegen das Rechte, wie Gott es uns sehen läßt, wollen wir dahin streben
das begonnene Werk zu vollenden, die Wunden der Nation zu verbinden, für den zu sorgen, der in der Schlacht gekämpft hat, und für
seine Witwe und seine Waise — alles zu tun, was zu einem gerechten und dauernden Frieden unter uns und mit allen Völkern
führen kann.

Ralph Waldo Emerson.

Geistige Gesetze.

Wenn der Geist beschaulich rückwärts blickt, wenn wir unser Ich
im Lichte der Erinnerung betrachten, erkennen wir, daß unser Leben
in Schönheit gehüllt ist. Während wir noch wandern, nehmen alle
Dinge angenehme Formen an, wie weit entfernte Wolken. Nicht
nur vertraute und alte Dinge, sondern sogar die tragischen und
schrecklichen sind anmutig, wenn sie in den Bildern der Erinnerung
erscheinen. Das Stromgestade, das Unkraut am Flußufer, das alte
Haus, der kindische Mensch, wie vernachlässigt sie auch wurden,
solange sie gegenwärtig waren, finden Gnade vor der Vergangenheit.
Selbst der Tote, der in den Zimmern aufgebahrt gelegen hat, hat
dem Hause einen feierlichen Schmuck verliehen.[1] Die Seele will

---

1) Im Jahre der Veröffentlichung dieses Essays starb sein verehrter
Freund, der Rev. Dr. Ripley, der länger als ein halbes Jahrhundert
Geistlicher in Concord gewesen war. Er hatte die Witwe William
Emersons, seines Vorgängers, des Feldpredigers in Ticonderoga
geheiratet. Dr. Ripley war den Enkelkindern seiner Frau ein treuer
Freund. Emerson erzählt in seinem Tagebuch von seinem Besuch im
Old Manse zur Zeit seines Todes:
„Sein Leichnam ist ein schöner und edler Anblick. Meine Mutter
nannte es in ihrer Bewegung „die Schönheit der Toten". Er sieht

nichts von Häßlichkeit und Schmerz wissen. Wenn wir in den Stunden
klarer Vernunft genau die Wahrheit sagten, würden wir sagen,
wir hätten nie ein Opfer gebracht. In diesen Stunden scheint der
Geist so groß, daß uns nichts genommen werden kann, was bedeutend
schiene. Jeder Verlust, jeder Schmerz betrifft nur einzelnes; das
Weltall bleibt dem Herzen unversehrt [1]). Weder Sorgen noch Trübsal
schlagen unser Vertrauen nieder. Übertreibung muß man bei dem
geduldigsten und wundgerittensten Mietspferd in Anschlag bringen.
Denn nur das Begrenzte hat gerungen und gelitten; das Unbegrenzte liegt da in lächelnder Ruhe.

Das intellektuelle Leben kann rein und gesund erhalten werden,
wenn der Mensch natürlich lebt und seinem Geist keine Schwierigkeiten aufbürdet, die seinem Wesen fremd sind. Kein Mensch braucht
sich von seinen Betrachtungen verwirren zu lassen. Mag er tun und
sagen, was ausschließlich ihm gehört, und wenn auch sehr wenig
belesen, seine Natur wird ihn nicht in geistige Schwierigkeiten und
Zweifel verstricken. Unsere jungen Leute kranken an den theologischen
Problemen der Erbsünde, des Ursprungs des Übels, der Prädesti-
nation und dergleichen. Diese haben keinem jemals wirklich eine
Schwierigkeit bereitet, keinem je den Weg verdunkelt, der nicht
seinen Pfad verließ, sie zu suchen. Sie sind für die Seele wie der
Ziegenpeter, die Masern und der Keuchhusten, und wer sie nicht gehabt
hat, kann von seiner Gesundheit nicht Rechenschaft geben oder angeben,
wie sie zu heilen sind.

Ein einfaches Gemüt wird diese Feinde nicht kennen. [2]) Es ist ganz
etwas andres, ob es fähig ist über seinen Glauben Rechenschaft abzu-

---

wie ein im Walde gefallener Indianerhäuptling oder vielmehr „wie
ein Krieger aus, der in seinen Soldatenmantel gehüllt ruht". Ich
trug Waldo hin, damit er ihn sähe, und er bezeugte weder Abscheu
noch Erstaunen, nur die ruhigste Neugier. Er war 90 Jahre alt ...
Aber sein Gesicht zeigte die Spannung und Entschlossenheit des kräftigen
Mannesalters ... Ein Mensch ist nur ein kleines Wesen inmitten
dieser großen Naturgegenstände , ... aber ein Mensch kann durch
moralische Eigenschaften in seiner Lebensart der Majestät der Welt
gleichen."

1) Diese Stelle erinnert an den „Morgengedanken", Matutina
Cognitio des heiligen Augustin.

2) Ihm würde die Antwort gefallen haben, die William Morris
auf die Frage gab, ob er leicht äußerst verzagt werde, wie so oft hoch-
poetische Temperamente. „Ich kann wohl sagen, ich bin es, aber ich
habe niemals Zeit gehabt, daran zu denken, so daß ich es wirklich nicht
sagen kann."

legen und einem andern die Theorie seiner Selbsteinheit und Freiheit zu erklären. Das erfordert seltene Gaben. Doch ohne diese Selbsterkenntnis kann eine Stärke und Lauterkeit wie die Sylvans in ihm sein. „Einige starke Instinkte und einige einfache Grundsätze genügen uns.[1])

Mein Wille hat den Bildern in meinem Geiste niemals die Stelle gegeben, die sie jetzt einnehmen. Der regelmäßige Studienverlauf, die Jahre akademischer und berufsmäßiger Ausbildung haben mir nichts Besseres geboten, als einige wertlose Bücher, die ich unter der Bank in der Lateinschule las. Was wir nicht Erziehung nennen, ist kostbarer als das, was wir so nennen. Zu der Zeit, wo in uns ein Gedanke auftaucht, können wir seinen verhältnismäßigen Wert nicht erraten. Und die Erziehung erschöpft sich oft in Versuchen, diesen natürlichen Magnetismus zu durchkreuzen und zu vereiteln, der in der Auswahl dessen, was zu ihm gehört, sicher nicht fehlgreift.[2])

In gleicher Weise wird unsere moralische Natur durch Einmischung unseres Willens verdorben. Die Menschen stellen die Tugend als einen Kampf dar und machen viel Wesens von dem, was sie erreicht haben. Und wenn eine edle Natur gerühmt wird, erhebt sich überall die Streitfrage, ob der Mensch nicht besser ist, der mit der Versuchung ringt. Aber es liegt kein Verdienst darin. Entweder ist Gott, oder er ist nicht. Wir lieben Charaktere, je leidenschaftlicher sie sind, und je mehr sie aus eigenem Antriebe handeln. Je weniger ein Mensch über seine Tugenden nachdenkt oder von ihnen weiß, um so mehr lieben wir ihn. Timoleons Siege sind die besten Siege, die wie Homers Verse dahineilten und flossen, sagt Plutarch. Wenn wir eine Seele sehen, deren Handlungen alle königlich, anmutig und erfreulich wie Rosen sind, müssen wir Gott danken, daß solche

---

1) Aus Wordsworths XII. Sonett in den Gedichten, der nationalen Unabhängigkeit gewidmet, Teil 11.

2) Das Verhältnis des Wertes der ihm vorgeschriebenen und seiner freiwilligen Studien kam Emerson oft in den Sinn zugunsten der letzteren. Er war stets ein eifriger und begeisterter Leser von Büchern (oder einiger Stellen in Büchern), die „für ihn geschrieben waren" aber in den Lehrbüchern in der Schule und auf der Universität fand er wenig Interessantes für sich, mit Ausnahme der Klassiker. Im „Heroismus" erzählt er von der Macht zum Guten, an der Hand einer Geschichte von einem Knaben, der nach dem verbotenen Buch unter der Schulbank greift; unser Entzücken an dem Helden ist der Hauptfaktor zu unserem Zweck . . . Wenn wir beim Betrachten der griechischen Energie, des römischen Stolzes uns weitläufig darüber verbreiten, so geschieht das, weil wir schon dasselbe Gefühl hegen."

Dinge ſein konnen und ſind, und dürfen uns nicht mürriſch von dem
Engel abwenden und ſagen: „Der Krüppel iſt ein beſſerer Menſch mit
ſeinem ſtöhnenden Widerſtand gegen alle ſeine eingeborenen Teufel."

Nicht weniger in die Augen fällt das Übergewicht der Natur über
den Willen in dem ganzen praktiſchen Leben. In der Geſchichte
liegt weniger Abſicht, als wir ihr zuſchreiben. Wir ſchreiben Cäſar
und Napoleon tiefliegende, weitſichtige Pläne zu; aber das Beſte
ihrer Kraft lag in der Natur, nicht in ihnen. Menſchen mit außer-
ordentlichem Erfolg haben es in ehrlichen Augenblicken immer
ausgeſprochen: „Nicht unſer Werk, nicht unſer Werk." Dem Glauben
ihrer Zeit gemäß haben ſie dem Glück, oder dem Schickſal oder
St Julian Altäre gebaut. Ihr Erfolg lag darin, daß ſie der Richtung der allgemeinen Geiſtesſtrömung folgten, die in ihnen un-
gehindert einen Kanal fand; und die Wunder, deren ſichtbare Führer
ſie waren, erſchienen dem Auge als ihre Tat. Haben die Drähte
den Galvanismus hervorgebracht? Vielmehr war in ihnen weniger,
was nachteilig wirkte, als in anderen, ſo wie der Wert einer Röhre
darin liegt, daß ſie glatt und hohl iſt.[1] Was äußerlich Wille und
Unbeweglichkeit ſchien, iſt Hingebung und Selbſtvernichtung. Hat
Shakeſpeare eine Theorie von Shakeſpeare geben, hat je ein er-
ſtaunliches mathematiſches Genie anderen Einſicht in ſeine Methode
verſchaffen können? Könnte es jenes Geheimnis mitteilen, ſo
würde es ſofort ſeinen außergewöhnlichen Wert verlieren, wie ſich
mit dem Tageslicht und der Lebensenergie die Kraft zu ſtehen und
zu gehen verbindet.

Dieſe Beobachtungen lehren uns eindringlich, daß unſer Leben
viel leichter und einfacher ſein könnte, als wir es uns machen; daß
die Welt glücklicher ſein könnte, als ſie iſt; daß es keine Kämpfe,
Erregungen und Verzweiflung, kein Hänederingen und Zähne-
knirſchen zu geben brauchte; daß wir erſt ſelbſt unſere eigenen Übel
ſchaffen. Wir arbeiten dem Optimismus der Natur entgegen,
denn wenn wir von einem günſtigen Platz in die Vergangenheit
und mit weiſerem Gemüt in die Gegenwart blickten, wären wir
fähig zu erkennen, wie wir von Geſetzen umgeben ſind, die ſich
von ſelbſt vollziehen.

Die Natur um uns gibt uns dieſelbe Lehre. Die Natur will uns
nicht reizbar und erregt haben. Sie liebt unſer Wohlwollen und

---

1) Die geläuterte Menſchheit als Übermittler des göttlichen Ge-
dankens wird in den poetiſchen Notizbüchern mit Rohren verglichen,
durch die Gottes Atem als allgemeine Muſik weht.

unsere Gelehrsamkeit ebenso wenig wie unseren Betrug und unsere
Kriege. Wenn wir aus der Wahlversammlung, dem Bankhaus,
der Versammlung zur Abschaffung der Sklaverei, der Temperenzversammlung oder dem transzendentalen Klub auf die Felder und
in die Wälder kommen, so sagt sie zu uns: „So hitzig, junger Herr?"[1])

Wir sind reich an unbewußten Handlungen. Wir müssen uns
notgedrungen einmischen und uns mit Dingen befassen, bis die
Opfer und Tugenden der Gesellschaft uns verhaßt sind.

Liebe soll Freude machen, aber unser Wohlwollen ist unheilvoll.
Unsere Sonntagsschulen, Kirchen und Armengesellschaften sind ein
Joch für den Nacken. Wir legen uns Leiden auf und gefallen niemandem damit. Man kann auf natürlichem Wege dahin gelangen,
wohin die Menschen streben, aber nicht kommen. Warum muß alle
Tugend auf ein und demselben Wege arbeiten? Warum müssen
alle Dollars geben? Es ist für uns Landleute sehr lastig, und wir erwarten nichts Gutes davon. Wir haben keine Dollars wie die Kaufleute: mögen sie welche geben! Die Landleute werden Korn geben,
die Dichter singen, die Frauen nähen, die Arbeiter hilfreiche Hand
leisten und die Kinder Blumen bringen. Und warum mit diesem
toten Gewicht einer Sonntagsschule das gesamte Christentum belasten? Es ist natürlich und schön, daß die Kinder fragen und das
reife Alter lehrt; aber es ist Zeit genug, die Fragen dann zu beantworten, wenn sie gestellt werden. Schließt die jungen Leute nicht
gegen ihren Willen in einen Kirchenstuhl ein, und zwingt die Kinder
nicht, gegen ihren Willen eine Stunde lang gefragt zu werden.

Wenn wir weiter sehen, sind alle Dinge gleich; Gesetze, Wissenschaft, Glaubensbekenntnisse und Lebensarten scheinen eine entstellende Nachahmung der Wahrheit zu sein. Unsere Gesellschaft
wird durch eine schwerfällige Maschinerie beengt, die den endlosen
Wasserleitungen gleicht, wie sie die Römer über Berg und Tal bauten,
und die durch die Entdeckung des Gesetzes verdrangt sind, daß das
Wasser zum Niveau seiner Quelle steigt. Es ist eine chinesische Mauer,
die jeder gewandte Tatar überspringen kann, ein stehendes Heer,
nicht so gut wie der Friede, ein Reich mit Graben, Titeln und
reicher Ausrüstung, ganz überflüssig, wenn Stadtversammlungen
demselben Zweck entsprechen.

---

1) Das Bild der Mutter Natur, die ihren aufgeregten kleinen Sohn
beruhigt, wird mit etwas Humor noch in dem Gedicht „Erfahrung"
wiederholt, das als Motto dem Essay gleichen Namens in der zweiten
Reihe der Essays beigegeben ist.

Wir wollen aus der Natur, die immer mit einfachen Mitteln arbeitet, eine Lehre ziehen. Wenn die Frucht reif ist, fällt sie ab. Ist die Frucht eingebracht, so fällt das Blatt. Der Lauf des Wassers ist ein bloßes Fallen. Das Gehen des Menschen und aller Tiere ist ein Vorwärtsfallen. Alle Handarbeit und anstrengende Tätigkeit, z. B. das Heben, Holzspalten, Graben, Rudern usw. wird durch ständiges Fallen getan, und das Weltall, die Erde, der Mond, die Kometen, die Sonne, die Sterne fallen immer und ewig.

Die Einfachheit des Weltalls unterscheidet sich sehr von der Einfachheit einer Maschine. Wer die moralische Natur ganz und gar zu sehen und genau zu wissen glaubt, wie Wissen erworben und ein Charakter gebildet wird, ist ein Pedant. Die Einfachheit der Natur ist nicht leicht zu finden, sie ist unerschöpflich. Die letzte Analyse kann auf keine Weise gemacht werden. Wir beurteilen eines Menschen Weisheit nach seiner Hoffnung, da wir wissen, daß die Vorstellung von der Unerschöpflichkeit der Natur unsterbliche Jugend ist. Die wilde Fruchtbarkeit der Natur fühlen wir, wenn wir die Starrheit unserer Wörter und Ausdrücke mit dem Fluß unserer Gedanken vergleichen. Wir gelten in der Welt als Sekten und Schulen, als Gelehrte und Fromme, und wir sind die ganze Zeit geistlose Kinder. Man sieht sehr gut, wie der Pyrrhonismus (die Zweifelsucht) entstand.[1] Jeder Mensch sieht, daß er jener Mittelpunkt ist, von dem aus jedes Ding mit gleichem Recht bejaht oder verneint werden kann. Er ist alt, er ist jung, er ist sehr weise, er ist ganz unwissend. Er hört und fühlt, was man von den Seraphim und dem Kesselflicker sagt. Es gibt keinen beständigen Weisen, außer in der Dichtung der Stoiker. Wir ergreifen beim Lesen oder Malen mit dem Helden Partei gegen den Schurken und Räuber, aber wir sind selbst jener Schurke und Räuber gewesen und werden es wieder sein — nicht in dem niederen Sinne, aber im Vergleich mit der Größe, die der Seele möglich ist.

Eine kurze Betrachtung dessen, was sich täglich um uns ereignet, wird uns zeigen, daß ein höheres Gesetz als unser Wille die Ereignisse regelt, daß unsere mühsamen Arbeiten unnötig und fruchtlos

---

1) Pyrrhon von Elis (360—270 v. Chr.), ein griechischer Maler, Dichter und Philosoph, der sich dem Kriegszug Alexanders zur Eroberung des Ostens anschloß, aber nach Elis zurückkehrte und Priester wurde. Er behauptete, daß die einzige eines Philosophen würdige Zustand der sei, mit seinem Urteil zurückzuhalten. Tugendhafte, unerschütterliche Seelenruhe wäre der höchste Lebenszweck, aber Wahrheit wäre unerreichbar." Appletons Encyclopaedia.

sind; daß wir nur bei unserer leichten, einfachen, spontanen Tätigkeit stark sind, und daß wir dadurch göttlich werden, wenn wir uns
mit Gehorsam begnügen. Glaube und Liebe — gläubige Liebe wird
uns von einer großen Sorgenlast erlösen. Liebe Brüder, es gibt
einen Gott. Es gibt eine Seele im Mittelpunkt der Natur und über
dem Willen jedes Menschen, so daß keiner von uns dem Weltall
Schaden zufügen kann. Sie hat der Natur ihren starken Zauber so
eingeflößt, daß wir Erfolg haben, wenn wir ihren Rat annehmen;
und wenn wir trachten, ihre Geschöpfe zu verwunden, kleben unsere
Hände uns an der Seite, oder sie schlagen unsere eigene Brust.
Der ganze Verlauf der Dinge lehrt uns glauben. Wir brauchen
nur zu gehorchen. Für jeden von uns gibt es eine Richtschnur, und
wenn wir nur leise aufhorchen, hören wir das richtige Wort. Warum
müßt ihr so mühsam euren Platz, eure Beschäftigung, eure Gefährten,
eure Handlungen und Vergnügungen wählen? Sicherlich gibt es
ein mögliches Recht für euch, das die Notwendigkeit des Abwägens
und vorsätzliche Wahl ausschließt. Für euch gibt es eine Wirklichkeit,
einen passenden Platz und zusagende Pflichten. Stellt euch mitten in
den Strom der Macht und Weisheit, der alles belebt, was er treibt,
und mühelos werdet ihr zur Wahrheit, zum Recht und zur vollkommenen Zufriedenheit gezwungen Dann setzt ihr alle Widersprecher ins
Unrecht. Dann seid ihr die Welt, das Maß des Rechts, der Wahrheit, der Schönheit. Wenn wir mit unseren elenden Einsprüchen
nicht die Störenfriede wären, würden die Arbeit, die Gesellschaft,
die Literatur, die Künste, die Wissenschaft, die Religion der Menschen weit besser vorwärts gehen als jetzt, und der von Beginn der
Welt an und noch vom Grunde des Herzens prophezeite Himmel
würde sich selbst bilden, wie jetzt Rose, Luft und Sonne.

Ich sage, wählt nicht; aber das ist eine Redewendung, durch die
ich unterscheiden wollte, was gewöhnlich Wahl unter den Menschen
genannt wird, und was eine einzelne Handlung ist, die Wahl der
Hände, der Augen, des Verlangens, und nicht eine ganze Betätigung
des Menschen.[1]) Aber das, was ich Recht oder Güte nenne, ist

---

1) Während Emerson sich 1834 in New Bedford aufhielt, wo er für
seinen Freund, den Rev. Dr. Dewey, amtierte, hörte er die Lehre
vom Gehorsam, wie sie von den Quäkern angenommen war, — Ver-
zichtleistung auf allen Willen und Erwarten des göttlichen Triebes
in der Brust.

Tagebuch. „Die erhabene Religion von Miß Rotch gestern gehört. Sie
war, sagte sie, in den Jahren der Zwistigkeiten zwischen den Quäkern,

die Wahl meiner Art; und was ich Himmel nenne, und wonach ich
innerlich ſtrebe, iſt der für meine Art wünſchenswerte Zuſtand
oder Umſtand; und die Tätigkeit, wonach ich mein Leben lang
ſtrebe, iſt die Arbeit für meine Fähigkeiten. Wir müſſen glauben,
daß ein Menſch bei der Wahl ſeines täglichen Gewerbes oder Berufs
der Vernunft zugänglich iſt. Es iſt nicht länger eine Entſchuldigung
für ſeine Handlungen, daß ſie ſeinem Gewerbe eigentümlich ſind.
Warum betreibt er einen ſchlechten Beruf? Liegt in ſeinem Charakter nicht ſein Beruf?

Jeder Menſch erhält ſeine eigene Berufung. Das Talent iſt ſein
Beruf. In einer Richtung ſteht ihm alles offen. Er hat Fähigkeiten, die ihn ſchweigend dahin zu endloſer Übung einladen. Er
iſt wie ein Schiff auf einem Fluß; er ſtößt überall auf Hinderniſſe,
nur auf einer Seite ſind alle Hinderniſſe entfernt, und über einen
ſich vertiefenden Kanal fährt er heiter dahin in das unendliche Meer.
Dies Talent und dieſer Beruf hängen von ſeiner Organiſation ab,
oder von der Art, wie ſich die Allgemeinſeele in ihm verkörpert
Er neigt dazu, etwas zu tun, was ihm leicht wird, und was gut iſt,
wenn es getan iſt, was aber kein anderer Menſch tun kann. Er hat
keinen Nebenbuhler. Je aufrichtiger er ſeine eigenen Kräfte be-
fragt, um ſo mehr wird ſich ſein Werk von dem anderer unterſcheiden.
Sein Ehrgeiz ſteht in genauem Verhältnis zu ſeinen Kräften. Die
Höhe des Gipfels wird durch die Breite der Baſis beſtimmt. Jeder
Menſch iſt berufen, etwas in ſeiner Art Einziges zu tun, und kein
Menſch iſt zu etwas anderem berufen. Der Vorwand, daß er eine
andere Berufung hat, eine Aufforderung durch Namen und perſön-
liche Wahl und äußere „Zeichen, die ihn als außerordentlich und
nicht in der Zahl gemeiner Menſchen[1]) verzeichnen," iſt Fanatis-
mus und verrät Dummheit, die nicht bemerkt, daß ein Geiſt in allen
Individuen lebt und es hier keinen Unterſchied der Perſon gibt.

ſehr bedrückt und von ihrem Innern getrieben, heimgezogen, um einen
Anker zu finden, bis ſie es lernte, keine Wahl zu haben, ſich ohne ein
Verſtändnis des Grundes zu fügen, wenn ſie ein Hindernis für ihre
beſondere Art zu handeln fand. Sie erhob Widerſpruch dagegen,
daß man dieſe geiſtige Richtung Impreſſion, Weiſung oder Orakel
nannte. Es war nichts davon. Es war ſo einfach, daß man kaum davon ſprechen konnte."

Dieſer Glaubenszuſtand intereſſierte ihn, aber er hatte es ſchon gelernt, ſich dem göttlichen Strom zu überlaſſen, der die Formunterſchiede
mit ſich fortriß.

1) Das Rühmen Glendowers Heißſporn gegenüber Heinrich IV.
1. Teil, III. Akt, 1. Szene.

Indem er seine Arbeit tut, macht er die Not fühlbar, der er abhelfen kann, und schafft den Geschmack, der ihn erfreut. Er entfaltet
sich selbst, wenn er seine eigene Arbeit tut. In öffentlicher Rede
beobachten wir zuviel Zurückhaltung, das ist der Fehler. Irgendwo
sollte nicht nur jeder Redner, sondern jeder Mensch die Zügel schießen
lassen, sollte offen und aufrichtig aussprechen, wie er es meint.
Gewöhnlich paßt sich der Mensch, so gut er kann, den üblichen Einzelheiten der Arbeit oder des Gewerbes an, in das er geraten ist, und be-
dient es, wie ein Hund einen Bratspieß dreht. Dann ist er ein Teil
der Maschine, die er bewegt; er ist verloren. Seinen Beruf findet er
erst, wenn er sich andern in seiner ganzen Größe mitteilen kann.
Darin muß er einen Ausdruck seiner Persönlichkeit finden, um sein
Werk in ihren Augen zu rechtfertigen. Wenn die Arbeit niedrig ist,
so soll sie durch sein Denken und seinen Charakter frei werden.[1]
Was er weiß und denkt, was seiner Meinung nach wert ist, getan zu
werden, das soll er mitteilen, sonst werden die Menschen ihn niemals
kennen und richtig ehren. Töricht ist, wer die Niedrigkeit und Äußer-
lichkeit seiner Arbeit nicht zum gehorsamen Werkzeug seines Charakters
und seiner Bestrebungen macht.

Wir lieben nur solche Handlungen, die schon lange das Lob der
Menschen finden, und bemerken nicht, daß jedes Ding wie ein Gottes-
dienst verrichtet werden kann. Wir halten Größe für verknüpft mit
einigen Orten oder Pflichten, bestimmten Ämtern oder Gelegenheiten,
und sehen nicht, daß Paganini uns mit einer Darmsaite in Entzücken versetzen kann, Eulenstein mit einer Maultrommel, ein finger-
fertiger Bursche mit Papierstreifen und einer Schere, Landseer
mit seinen Schweinen und der Held aus der jämmerlichen Wohnung
und Gesellschaft, in der er verborgen war. Was wir eine niedrige
Stellung oder gewöhnliche Gesellschaft nennen, ist jene Stellung
und Gesellschaft, deren Poesie noch nicht geschrieben ist, aber die ihr
bald so beneidenswert und berühmt wie jede andere machen werdet.
In unserer Schätzung wollen wir von Königen lernen. Von der
Pflicht der Gastfreundschaft, der Verbindung der Familien, dem
Ergreifenden des Todes und tausend anderen Dingen hat das

---

1) Emerson feiert die Würde der Landarbeit in folgenden Worten:
   Wo einst die Sintflut pflügte, da schafft der Ackersmann,
   Die Winde und die Wolken, sie sind ihm untertan.
   Die Götter, die sich halten auf seinem Feld versteckt
   In manchen kleinen Hügeln, sein Auge sie entdeckt.
                                  „Fragmente", Gedichte, Anhang.

Königtum seine eigene Schätzung, und eine königliche Meinung ist Befehl. Aus Gewohnheit neue Werte schaffen — das ist Erhabenheit.

Was ein Mensch tut, das besitzt er. Was hat er mit Hoffnung oder Furcht zu tun? In ihm selbst liegt seine Macht. Nur was in seiner Natur liegt, und was sein Lebelang aus ihm wachsen muß, das soll er als fest ansehen. Die Glücksgüter mögen kommen und gehen wie Sommerblätter[1]), er soll sie jedem Winde hinstreuen als die augenblicklichen Zeichen seiner unendlichen Fruchtbarkeit.

Kultur.

Das Schlagwort der Gegenwart ist Kultur. Während alle Welt Macht und Reichtum als Machtmittel sucht, verbessert Kultur die Theorie des Erfolges. Der Mensch ist der Gefangene seiner Kräfte. Das Ortsgedächtnis macht ihn zum Kalender, das Debattiertalent zum Debatter, die Geschicklichkeit, Geld zu verdienen, zum Geizhals, d. h. zum Bettler. Die Kultur dämpft solchen Brand, indem sie andere Kräfte gegen die vorherrschende Begabung zu Hilfe ruft, und indem sie sich an die Kräfte wendet. Sie überwacht den Erfolg. Die Natur kennt keine Gnade bei der Vollendung und opfert den Vollender, damit ihre Absicht erfüllt wird. Wenn sie einen Daumen braucht, macht sie ihn auf Kosten der Arme und Beine, und jedes Übermaß an Kraft in einem Teile wird gewöhnlich sogleich durch einen Mangel in einem anstoßenden Teil bezahlt.

Unsere Leistungsfähigkeit hängt so sehr von unserer Konzentration ab, daß die Natur gewöhnlich in den Fällen, wo ein bedeutender Mensch in die Welt geschickt wird, ihn mit einer einseitigen

---

1) Dies Bild wurde angeregt durch eine Stelle in Scotts Old Mortality, die Emerson oft, fast mit dem gleichen Vergnügen, wieder las, die sie ihm in seiner Kindheit bereitet hatte. Der ungestüme Fanatiker, Balfour von Burley, spricht von der Möglichkeit, einige Gegner der Covenanter durch Aussicht auf weltlichen Gewinn zu beeinflussen, aber in seinem Zorn über die Unbestechlichkeit des jungen Edelmannes, der ihnen Widerstand leistet, erzählt er: „Aber Lord Evandale ist boshaft und hartherzig; die Güter dieser Welt fallen auf ihn wie die Blätter auf die festgefrorene Erde, und unbewegt sieht er sie vom ersten Winde davongewirbelt. Die heidnischen Tugenden solcher Männer wie er sind für uns gefährlicher als die schmutzige Habgier derer, die ... gezwungen werden können, im Weinberg zu arbeiten, sei es auch nur, um den Sündenlohn zu verdienen."

Neigung überlastet, indem sie seine Symmetrie seiner Arbeitskraft opfert.[1]) Man hat gesagt, ein Mensch kann nur ein Buch schreiben; und wenn ein Mensch einen Mangel hat, so hinterläßt dieser seinen Eindruck in allen seinen Leistungen. Wenn die Natur einen Polizei= mann wie Fouché[2]) schafft, so ist er ganz aus Argwohn und Anschlagen, die Menschen zu überlisten, zusammengesetzt „Die Luft", sagte Fouché, „ist voller Dolche" Der Arzt Sanctorius verbrachte sein Leben damit, auf einer Wagschale seine Nahrungsmittel abzuwiegen. Lord Coke schätzte Chaucer sehr hoch, weil des Kanonikus Yemann Erzählung das Gesetz V. Heinr. IV. Kap. 4 gegen Alchimie erläutert. Ich habe einen Mann gekannt, der glaubte, das Hauptunglück im englischen Staat käme von der Liebe zu musikalischen Aufführungen. Ein Frei= maurer erklärte vor nicht zu langer Zeit seinem Lande, die Haupt= ursache von General Washingtons Erfolg wäre die ihm von den Frei= maurern geleistete Hilfe gewesen.

Aber, was schlimmer ist als das Herumreiten auf einem Gegen= stande — die Natur hat den Individualismus gesichert, indem sie dem Einzelnen eine hohe Meinung von seinem Gewicht im System gab. Die Plage der Gesellschaft sind die Egoisten. Es gibt traurige und heitere, kirchliche und weltliche, grobe und feine Egoisten. Es ist eine Krankheit, die wie die Influenza Leute jeglicher Konstitution befällt. In der den Ärzten als Veitstanz bekannten Krankheit dreht sich der Kranke manchmal im Kreise und dreht sich langsam weiter auf derselben Stelle. Ist Egoismus eine metaphysische Ab= art dieser Krankheit? Der Mensch läuft in einem von seinem eigenen Talent gebildeten Kreise herum, verfällt in die Bewunderung dieses

---

1) Emerson hat immer Nachdruck darauf gelegt, der einzelne möge sich erinnern, daß er ein besonderer Kanal für den Strom der Macht oder Gnade aus der allgemeinen Quelle sei. Er hat hierüber in seinen Notizbüchern hie und da Aufzeichnungen gemacht unter den Über= schriften Neigung und Temperament, was oft fast gleichbedeutend ist mit Schicksal, wie z. B. folgende Stelle aus dem Koran: „Wenn ihr hört, daß ein Berg seinen Platz verändert hat, so glaubt es; wenn ihr aber hört, daß ein Mensch seine Gemütsart verändert hat, so glaubt es nicht." Ein froherer Gesichtspunkt findet sich in folgender Eintragung: „War nicht diese Neigung eine feine Erfindung, wodurch die alte, ver= brauchte Welt und alle ihre Partikel ganz neu für euch gemacht werden sollten? Dieser Gedanke kann als eine höhere Anwendung jenes betrachtet werden, der den Tau betrifft, durch den die alte, harte, kranke Erde jeden Morgen neu gemacht wird." (Siehe „Literary Ethics", Nature, Addresses und Lectures.)

2) Fouché, Napoleons Polizeiminister.

Kreises und verliert die Beziehung zu der Welt.¹) Diese Richtung findet sich in allen Geistern. Eine ihrer ärgerlichen Formen ist ein unersättliches Verlangen nach Teilnahme. Die Leidenden tragen ihr Elend zur Schau, reißen die Scharpie von ihren Beulen ab und offenbaren ihre Kriminalverbrechen, damit man sie bemitleiden kann. Sie lieben die Krankheit, weil körperlicher Schmerz den Um= stehenden Interesse abnötigen wird, wie wir das von Kindern ge= sehen haben, die, falls sie, beim Kommen Erwachsener unbeachtet. bleiben, bis zum Ersticken husten, um die Aufmerksamkeit auf sich zu lenken.²)

Diese Krankheit ist die Geißel des Talents, der Künstler, Er= finder und Philosophen. Manche geistig hochstehende Männer sollen unfähig sein, ihre Handlung oder ihr Wort für sich zu betrachten und es tapfer als das Nichts anzusehen, das es ist. Hüte dich vor dem Menschen, der sagt: „Ich stehe am Vorabend einer Entdeckung". Es wird schnell bestraft, da diese Gewohnheit die Menschen dazu auf= fordert, ihr zu willfahren, und den Patienten durch eine sanfte Behandlung in eine beschränktere Selbstsucht einzuschließen und ihn von der großen Gotteswelt froher fehlbarer Männer und Frauen auszuschließen. Wir wollen lieber beschimpft werden, solange wir zu beschimpfen sind.³) Die religiöse Literatur hat dafür bedeutende Beispiele, und wenn wir unser eigenes Verzeichnis von Dichtern, Kritikern, Philanthropen und Philosophen überblicken, werden wir sie von dieser Wassersucht und Elephantiasis angesteckt finden, der wir das Wasser hätten abzapfen sollen.

---

1) In dem Tagebuch für 1841 sagt Emerson: „Ich bin es müde, mit Leuten zu tun zu haben, von denen jeder in seiner besonderen Verrückt= heit steckt"; und von einem der vielen sprechend, die ihn damals von weither aufsuchten, den sich vom Leibe zu halten, seine Güte und seine Achtung vor dessen Charakter ihn hinderten, fügt er hinzu: „Ich bin nicht stark genug, um ihn fest und unsympathisch wie einen Kranken zu behandeln und, wenn er gleichmäßig und sympathisch als gesund be= handelt wird, macht ihn seine Krankheit zum lästigsten Menschen." Sie würden das Allgemeine nicht zulassen, nur der besondere Geist offenbart sich in ihnen.

2) Damit kann verglichen werden der Rat an alle Personen, nicht von ihren Leiden zu sprechen, der sich auf den letzten Seiten von „Behaviour" findet.

3) In „Character" in der zweiten Reihe der Essays findet sich die schöne Antwort des Pater Taylor, von der Kirche für Seeleute in Boston, auf die Ermahnung eines Doktors der Theologie. „Lieber Freund", sagte er, „ein Mann kann weder gelobt noch beleidigt werden."

Dieser Egoismuskropf ist so häufig unter bedeutenden Personen
daß wir auf eine starke Notwendigkeit in der Natur schließen müssen
die ihm förderlich ist; so wie wir sie in der geschlechtlichen Anziehung
sehen. Die Erhaltung der Art war etwas so Notwendiges, daß die
Natur sie auf alle Fälle durch eine ungeheure Überlastung des
Triebes gesichert hat, auf die Gefahr unaufhörlichen Verbrechens
und unaufhörlicher Übertretung. So hat der Egoismus seine Wurzel
in der Hauptnotwendigkeit, durch die jedes Einzelwesen darauf
beharrt zu sein, was es ist.

Diese Individualität ist nicht nur nicht unvereinbar mit der Natur
sie ist vielmehr ihre Grundlage. Jede wertvolle Natur ist da in ihrem
eignen Rechte, und der Lernende, zu dem wir sprechen, muß einen
durch seine Kultur unbesiegbaren Mutterwitz haben, der alle Bücher
Künste, Vorteile und seine Umgangssitten benutzt, aber sich nie
mals von ihnen bezwingen läßt und in ihnen verliert. Nur der i
ein starker Mann, der eine gute Entschlußfähigkeit hat. Und das
Ziel der Kultur ist nicht, diese zu zerstören, Gott verhüte!, sonder
jedes Hindernis und jede Mischung aus dem Wege zu räumen
und nur reine Kraft übrig zu lassen.[1] Unser Lernender muß Lebens
art und Entschlossenheit haben und Meister in seinem Lieblingsfach
sein. Aber wenn er dies hat, muß er es hinter sich legen. Er mu
Universalität und Kraft haben, jeden Gegenstand mit freiem, unge
bundenem Blick zu betrachten. Aber das Privatinteresse und di
Selbstsucht wiegt so vor, daß ein Mensch, der einen Gefährten
sucht, der die Dinge um ihrer selbst willen, ohne Zu- oder Abneigung
und persönliche Bezugnahme betrachten kann, nur die wenigsten
finden wird, die ihm diese Befriedigung gewähren; während di
meisten Menschen mit Kälte und Gleichgültigkeit behaftet sind
sobald ein Gegenstand nicht mit ihrer Selbstliebe in Verbindung
steht. Obgleich sie von dem Gegenstande vor sich sprechen, denken
sie an sich, und ihre Eitelkeit legt deiner Bewunderung kleine Fallen

*   *   *

Kultur ist die Annahme nach Ansicht bestimmter bester Geister
daß ein Mensch eine Reihe von Verwandtschaften hat, durch die e
die Heftigkeit aller Haupttöne, die in seiner Skala ein dröhnende

1) Von einem vortrefflichen Mädchen mit so unabhängigen un
originellen Charakter, daß ihre konventionellen Freunde besorg
waren, schrieb er: „Mädchen, komm stolz in den Hafen oder befahr
mit Gott die Meere."

Übergewicht haben, modulieren und sich gegen sich selbst helfen kann. Kultur stellt sein Gleichgewicht wieder her, stellt ihn unter seinesgleichen und Höherstehende, belebt den köstlichen Sinn für Sympathie wieder und warnt ihn vor den Gefahren der Einsamkeit

Da Bücher die vortrefflichsten Zeugnisse menschlicher Klugheit sind, müssen wir sie sicher in unsern Begriff von Kultur aufnehmen. Die besten Köpfe, die es je gegeben hat, Perikles, Plato, Julius Cäsar, Shakespeare, Goethe, Milton waren gut belesen, allumfassend erzogene Männer, und viel zu klug, um die Wissenschaften zu unterschätzen. Ihre Meinung hat Gewicht, weil sie Mittel besaßen, die entgegengesetzte Meinung zu kennen. Wir sehen, daß ein großer Mann ein guter Leser, oder im Verhältnis zu der spontanen die assimilierende Macht sein sollte. Gute Kritik ist sehr selten und immer kostbar. Ich bin immer glücklich, wenn ich auf Personen stoße, die Shakespeares alle andern Schriftsteller überragende Überlegenheit begreifen. Ich liebe Leute, die Plato lieben, weil diese Liebe nicht mit Selbsttäuschung bestehen kann.[1]

Aber Bücher sind nur so weit gut, wie ein junger Mensch reif für sie ist. Er wird manchmal sehr langsam fertig. Du schickst dein Kind zum Lehrer, aber die Schuljungen erziehen ihn. Du schickst ihn in die Lateinschule, aber ein großer Teil seiner Anschauung kommt ihm auf dem Schulwege von den Schaufenstern. Du liebst die strengen Vorschriften und die langen Semester, und er findet die beste Anleitung auf einem eignen Nebenweg und lehnt alle Gefährten ab, die er nicht selbst wählt. Er haßt die Grammatik und den Gradus ad Parnassum und liebt Flinten, Angelruten, Pferde und Boote. Nun, der Junge hat recht, und du bist nicht geeignet, seine Ausbildung zu leiten, wenn auf deinem Plane nichts von der Körpererziehung steht. Bogenschießen, Kricket, Flinte und Angelrute, Pferd und Boot, alle sind Erzieher, sind Befreier, aber ebenso Tanzen, Kleidung und Straßengespräch; und wenn der Junge nur Hilfsquellen hat, begabt ist und einen guten Charakter hat, wird ihm das ebenso dienlich sein, wie die Bücher. Er lernt

---

[1] „Wer ist gebildet? Wer mir etwas über Shakespeare sagen kann, was ich nicht wußte, aber sogleich als wahr erkenne."

„Es ist derselbe Unterschied zwischen einem Gebildeten und einem Ungebildeten", sagte Aristoteles, „wie zwischen dem Lebenden und dem Toten!"

Schach, Whist, Tanzen und Theaterspielen. Der Vater bemerkt,
ein andrer Junge habe in derselben Zeit Algebra und Geometrie
gelernt. Aber der erste Junge hat viel mehr als diese armen Spiele
erworben. Er hat wochenlang nur an Whist und Schach gedacht,
aber bald wird er, wie du einstens, finden, daß er, wenn er von dem
zu lange gespielten Spiel aufsteht, leer und unglücklich ist und sich
selbst verachtet. Von nun an treibt er es neben andern Dingen, und
es hat sein richtiges Gewicht in seiner Erfahrung. Diese kleineren
Fertigkeiten und Talente wie z. B. Tanzen sind Einlaßkarten zum
ersten Rang der Gesellschaft, und wenn der Jüngling sie beherrscht,
kann er über vieles verständig urteilen, was er sonst pedantisch
beurteilen würde. Landor sagte: „Ich habe mehr durch mein schlechtes
Tanzen gelitten als durch alles Unglück und Elend meines Lebens
zusammengenommen." Wenn der Knabe nur gelehrig ist (denn
wir schlagen nicht vor, aus Zunderholz eine Statue zu machen),
sind Fußball, Kricket, Bogenschießen, Schwimmen, Schlittschuh-
laufen, Klettern, Fechten, Reiten, Athletik das, was er hauptsächlich lernen muß; — Reiten besonders, von dem Lord Herbert
von Cherbury sagte: „Ein guter Reiter auf einem guten Pferd
steht so hoch über sich und andern, als die Welt ihn machen kann "
Außerdem bilden Flinte, Angelrute, Boot und Pferd unter allen,
die sie gebrauchen, eine geheime Freimaurerei. Es ist, als wenn
sie zu einem Klub gehörten.[1]

Gewohnheiten großer Männer.

Es ist natürlich, an große Männer zu glauben. Wenn die Gefährten unserer Kindheit sich als Helden auswiesen und königlichen

1) Emerson und seine Brüder lebten in ihrer Jugend in Verhältnissen, die sie von „den Fertigkeiten" ausschlossen, und er fühlte ihre
Bedeutung innerhalb angemessener Grenzen für die Erziehung der
jungen Leute. Er hatte immer weit mehr, als das in die Erscheinung
trat, unter einem Gefühl der Ungeschicklichkeit in der Gesellschaft
gelitten, und er fühlte, daß es einen Kursus an einer Tanzschule wert
ist, wenn „man weiß, wie man schicklich ein Zimmer voller Leute be-
tritt". An die Stelle des Reitens zur Zeit seiner Vorfahren war zu seinen
Lebzeiten das Reisen in der Postkutsche oder in der Kalesche getreten,
so daß er nie ein gewandter Reiter war, aber es sprach seine Einbildungskraft an, und er hielt es auch für eine wunderbare „Lektion in der
Athletik". Deshalb mußten seine Kinder das Reiten lernen. Das Zitat
stammt aus der bemerkenswerten Autobiographie von Edward Lord
Herbert, dem älteren Bruder des Dichters George Herbert, einem Buch,
das Emerson schätzte.

Rang bekämen, würde es uns nicht überraschen.[1]) Alle Mythologie
beginnt mit Halbgöttern, und die Verhältnisse sind erhaben und
poetisch; das heißt ihr Genius ist überragend. In den Gautama-
legenden aßen die ersten Menschen Erde und fanden sie köstlich süß.

Die Natur scheint für die Vorzüglichen da zu sein. Die Welt wird
durch die Wahrhaftigkeit der guten Menschen aufrecht erhalten; sie
machen die Erde gesund. Wer mit ihnen lebte, fand das Leben heiter
und heilsam. Das Leben ist nach unserem Glauben süß und erträglich
nur in solcher Gesellschaft; und in der Wirklichkeit oder in der Ein-
bildung bringen wir es fertig, mit Höherstehenden zu leben. Wir
nennen unsere Kinder und Länder mit ihrem Namen. Ihre Namen
werden in die Wörter der Sprache verarbeitet, ihre Werke und
Bilder sind in unsern Häusern, und in jeder Lage des Tages
werden wir an eine Anekdote von ihnen erinnert.

Das Suchen nach dem großen Manne ist der Traum der Jugend
und die ernstliche Beschäftigung des Mannesalters. Wir reisen in
fremde Bezirke, um seine Werke zu finden, — womöglich ihn flüchtig
zu Gesicht zu bekommen. Aber statt dessen werden wir
enttäuscht. Man sagt, die Engländer sind praktisch, die Deutschen
gastfreundlich, in Valencia ist das Klima wunderbar und in den
Hügeln des Sacramento ist Gold zu sammeln. Ja, aber ich reise nicht,

---

1) Emerson erzählt in seinen Gedichten, wie wenn der Westwind
die Aeolsharfe in den Fenstern seines Arbeitszimmers zum Tönen
brachte:

Nicht lang ist's her, es war zur Abendzeit:
Ich lauscht' hinaus, mir war's, als ging' an meiner Seit'
Ein Fenster auf, und, darf das Wort hier stehn:
Ich glaubt' der Jugendzeit Gefild zu sehn:
Auf Rosse schwangen sich da schöne Knaben,
   Phantast'sche Trachten die Gestalt umgaben,
   Entschwunden längst mir durch des Schicksals Walten,
   Genossen meiner Jugend, die ich nicht behalten.
   Mehr Kühnheit hatten sie als ich und Kraft.
Sie schmückte reich die Anmut, das Genie,
Und sonst wie jetzt Bewunderung blickt' auf sie.
Und Liebe, ihnen unbewußt,
   Den Knaben folgen mußt'
Und kalt' und scheue Leidenschaft.   „Die Harfe."

Dann wieder, vielleicht in der Erinnerung an die guten und klugen
Frauen, die ihn in seiner Kindheit und ersten Jugend erzogen hatten,
erzählt er, daß dem Dichter offenbart wird,

Selige Götter in Knechtestracht
   Haben für dich dein Tagwerk vollbracht.

um behäbige, reiche, gastfreundliche Leute zu finden oder heitern Himmel oder Barren, die immer einen zu hohen Wert haben. Aber wenn es einen Magneten gäbe, der auf die Gegenden und Häuser hinwiese, wo die wirklich reichen und mächtigen Personen sind, würde ich alles verkaufen und ihn kaufen und mich noch heute auf den Weg machen.[1])

Unser Fortschritt hängt von ihrem Ruf ab. Die Kunde, daß in der Stadt ein Mann wohnt, der die Eisenbahn erfunden hat, erhöht das Ansehen aller Bürger. Aber ungeheure Volksmassen sind, wenn es Bettler sind, widrig wie laufender Käse, wie Ameisen oder Floh= haufen, — je mehr um so schlimmer.[2])

Unsere Religion ist die Liebe und Verehrung dieser Schutzherren. Die Fabelgötter sind die leuchtenden Augenblicke der großen Männer.[3]) Unsere gewaltigen Glaubenssätze des Judentums, Christentums, Buddhismus, Mohammedanismus sind die notwendige und organische Tätigkeit des menschlichen Geistes. Wer die Geschichte studiert, gleicht einem Mann, der in ein Warenhaus geht, um Kleider oder Teppiche zu kaufen Er bildet sich ein, er habe einen neuen Artikel. Wenn er in die Fabrik geht, wird er finden, daß sein neu gekaufter Stoff die Rankenverzierungen und Rosetten wiederholt, die man auf den Innenwänden der Pyramiden von Theben findet. Unser Gottesglaube ist die Läuterung des menschlichen Geistes. Der Mensch kann malen, schaffen oder denken, nur der Mensch. Er glaubt, daß die großen materiellen Elemente ihren Ursprung in seinem Denken haben.

---

1) Emerson waren die Vorteile und Vergnügungen der Reise nebensächlich. Er benützte die günstigen Gelegenheiten unterwegs, aber wenn er aufgefordert wurde, zum Vergnügen zu reisen, sagte er gern wie der junge Jesus: „Wißt ihr nicht, daß ich meines Vaters Geschäfte besorgen muß?" Die Menschen interessierten ihn mehr als die Orte, sein Neu=England=Dorf genügte ihm. Sein Reisetagebuch von 1833, dessen wesentlicher Inhalt im ersten Kapitel der English Traits erscheint, beweist es. Die Verse, „Geschrieben in Rom, 1833", in den Gedichten enden mit der Sehnsucht, den treuen Menschen zu finden, den er einige Wochen später in den schottischen Mooren ausfindig machte.

2) Demselben Zweck dient eine Stelle über „die Massen" in den „Betrachtungen unterwegs" (Considerations by the Way) in Conduct of Life und in humanerem und sympathischerem Tone auf den letzten Seiten dieses Essays.

3) „Auf unserem dunklen Wege finden wir ihre leuchtende Spur."
Lowells Commemoration Ode.

Wenn wir nun weiter nach den Arten des Dienstes forschen, den wir andern danken, wollen wir uns vor der Gefahr moderner Studien warnen lassen und bescheiden beginnen. Wir dürfen nicht gegen Liebe kämpfen oder das wirkliche Dasein anderer Leute leugnen.[1] Ich weiß nicht, was uns geschehen würde. Wir haben so viele Kräfte. Unsere Zuneigung für andere schafft eine Art Vorteil oder Wert, den nichts ersetzen wird. Ich kann mit Hilfe eines andern das tun, was ich allein nicht tun kann. Ich kann dir sagen, was ich nicht zuerst mir selbst sagen kann. Andere Menschen sind Linsen, durch die wir unsere eigenen Gedanken lesen. Jeder Mensch sucht Menschen mit anderen Eigenschaften, als die seinen sind, und solche die in ihrer Art gut sind, d. h. er sucht andere Menschen, die ihm am unähnlichsten sind. Je stärker die Natur ist, um so mehr wirkt sie zurück. Wir wollen nur die Qualität haben. Ein wenig Genie überläßt uns auch. Ein Hauptunterschied zwischen den Menschen ist, ob sie sich um ihre eigenen Angelegenheiten kümmern oder nicht. Der Mensch ist eine edle monokotyledone Pflanze, die wie die Palme von innen nach außen wächst. Seine eigene Angelegenheit kann er, obgleich es andern unmöglich ist, mit Schnelligkeit und als Zeitvertreib beginnen. Es ist dem Zucker leicht, süß und dem Salpeter leicht, scharf zu sein. Wir geben uns sehr viel Mühe, dem nachzustellen, was von selbst in unsere Hände fällt. Der ist ein großer Mann, der in einer höheren Gedankensphäre lebt, in die andere Menschen mühsam und schwer aufsteigen; er braucht nur seine Augen zu öffnen, um die Dinge im wahren Licht und in großen Beziehungen zu sehen, während sie mühsame Verbesserungen machen und ein wachsames Auge auf viele Fehlerquellen haben müssen. Sein Dienst für uns ist gleicher Art. Es kostet einen schönen Menschen keine Anstrengung, sein Bild unseren Augen einzuprägen, doch wie prächtig ist der Gewinn! Nicht mehr kostet es einen weisen Geist, seine Sinnesart anderen Menschen mitzuteilen. Und jeder kann sein Bestes am leichtesten tun. „Geringe Mittel, große Wirkung." Groß ist, wer, was er ist, von Natur ist und uns nie an andere erinnert.

Aber er muß verwandt mit uns sein, und wir müssen die Hoffnung haben von ihm aufgeklärt zu werden. Ich kann nicht sagen, was ich wissen wollte, aber ich habe bemerkt, daß es Personen gibt, die in ihrem Charakter und ihren Handlungen Fragen beant-

---

1) Wie dieser Idealist anderswo zugibt „Behandle Männer und Frauen gut. Behandle sie, als wenn sie wirklich wären. Vielleicht sind sie es."

worten, die ich nicht geschickt bin, zu stellen. Ein Mensch beantwortet
Fragen, die keiner seiner Zeitgenossen stellte, und steht allein da.
Die vergangenen und gegenwärtigen Religionen und Philosophien
beantworten einige andere Fragen. Gewisse Menschen scheinen zu
großen Hoffnungen zu berechtigen, aber hilflos für sich und ihre Zeit, —
vielleicht das Spiel eines Instinktes, der in der Luft liegt — ent=
sprechen sie nicht unserem Bedürfnis.[1] Aber die Großen sind nahe,
wir erkennen sie augenblicklich. Sie befriedigen die Erwartung und
erhalten ihren Platz. Was gut ist, ist wirksam, fruchtbar und schafft
sich selbst Raum, Nahrung und Verbündete. Ein gesunder Apfel
trägt Samen, ein Bastard nicht. Steht ein Mann an seinem Platze,
so ist er schöpferisch, fruchtbar, magnetisch, er begeistert Heere für
seinen Zweck, der so verwirklicht wird. Der Fluß bildet sich seine
eigenen Ufer, und jeder echte Gedanke schafft sich seine eigenen
Kanäle und Ausflüsse — Ernten zur Nahrung, Einrichtungen
zum Ausdruck, Waffen zum Kämpfen und Schüler, ihn zu
erklären. Der wahre Künstler hat den Planeten zum Piedestal,
der Abenteurer nach Jahren des Bemühens nur einen Fuß=
breit. Wir sprechen gewöhnlich von zwei Arten des Nutzens oder
Dienstes der höherstehenden Menschen. Ein direktes Geben ist dem
frühesten Glauben der Menschen gemäß; direkte materielle
oder metaphysische Hilfe, wie Gesundheit, ewige Jugend, scharfe
Sinne, Heilkünste, magische Kraft und Prophetengabe. Der Knabe
glaubt, es gäbe einen Lehrer, der ihm Weisheit verkaufen kann.
Die Kirche glaubt an zugerechneten Lohn. Aber, genau genommen,
haben wir keine große Kenntnis von direktem Dienen. Der Mensch
ist monokotyledon, und die Erziehung entfaltet ihn. Die Hilfe, die
uns von anderen kommt, ist mechanisch im Vergleich zu den Ent=
deckungen der Natur in uns. Was so gelernt wird, entzückt, wenn
wir es tun, und die Wirkung bleibt! Richtige Ethik ist zentral und geht
von der Seele nach außen. Geben ist dem Gesetz des Weltalls ent=
gegengesetzt. Anderen dienen heißt sich selbst dienen. Ich muß mich
von mir selbst freisprechen. „Kümmere dich um deine Angelegenheit",
sagt der Geist: „Narr, wolltest du dich mit dem Himmel befassen oder

---

1) Die Generation, die sich nur an das Ende des 19. Jahrhunderts
erinnert, kann nicht leicht daran glauben, daß es zur Zeit, als dieses
Buch geschrieben wurde, viele Menschen wie die hier geschilderten
in Neu=England gab. Wenn der Zeit der Unruhe wieder
eine der brennenden Sehnsucht folgt, kann sich dasselbe wieder
ereignen.

mit anderen Leuten?" Der indirekte Dienst bleibt uns.[1]) Die Menschen haben eine malerische oder repräsentative (stellvertretende) Art. Böhme[2]) und Swedenborg sahen, daß die Dinge stellvertretend waren. Die Menschen sind es auch erstens für Dinge, zweitens für Ideen . . . . Die Menschen sind hilfreich durch die Vernunft und die Gefühle. Andere Hilfe scheint mir ein falscher Schein. Wenn du dich stellst, als wenn du mir Brot und Feuer schenkst, bemerke ich, daß ich den vollen Preis dafür bezahle, und ich bleibe schließlich wie ich war, weder besser noch schlechter, aber alle geistige und moralische Kraft ist ein wirkliches Gut. Es geht von dir aus, ob du willst oder nicht und nützt mir, an den du nie gedacht hast.[3]) Ich kann sogar nicht von einer sehr leistungsfähigen persönlichen Kraft irgendwelcher Art hören, ohne daß es mich frisch entschlossen macht. Wir eifern allem nach, was ein Mensch tun kann. Cecils Ausspruch von Sir Walter Raleigh „Ich weiß, daß er schrecklich arbeiten kann", ist ein elektrischer Schlag. So sind Clarendons Bildnisse, — von Hampden, „der von einem Fleiß und einer Sorgfalt war, daß ihn der Arbeitsamste nicht ermüden konnte, der Fähigkeiten hatte, die dem Scharfsinnigsten und Schlauesten nicht zugesprochen werden konnten, und einen persönlichen Mut, der seinen besten Fähigkeiten gleich kam"; — von Falkland, „der ein so strenger Verehrer der Wahrheit war, daß er sich ebenso leicht zum Stehlen wie zum Heucheln hätte Erlaubnis geben können." Wir können Plutarch nicht ohne ein Prickeln des Blutes lesen, und ich mache mir den Ausspruch des Chinesen Meng-tse zu eigen: „Ein Weiser ist der Lehrer von hundert Generationen. Wenn man von den Sitten Lao-tses hört, werden die Dummen klug und die Schwankenden entschlossen."

Das ist die Moral der Biographie; aber es ist schwer für Dahingegangene, die Lebenden zu rühren, wie es unsere Zeit-

---

1) Wenn junge Leute Emerson ihre Fragen vorlegten, mögen sie zuerst enttäuscht gewesen sein, wenn sie nicht die leichten Antworten erhielten, auf die sie hofften. Seine Antwort war ausführlich und später, wenn sie überlegten, nützlich. Ihre Individualitäten unterschieden sich von seiner, und dafür mußte ein Spielraum bleiben. Er schrieb in sein Tagebuch: „Wenn wir die direkt erlösenden Worte sprechen könnten, würde es uns auch erlösen." Vgl. den letzten Teil der „Himmlischen Liebe" in den Gedichten.

2) Jakob Böhme, ein Schlesier von bescheidener Herkunft im 16. Jahrhundert, ein Mystiker, dessen Schriften später viel Aufsehen erregten. Emerson hat sich früh für seine Werke interessiert und erwähnt sie oft.

3) Dieser Gedanke findet sich in den Gedichten „Destiny" und „Fate".

genossen tun, deren Namen vielleicht nicht so lange dauern. Was
ist der, an den ich niemals denke? Während in jeder Einsamkeit
die sind, die unsere Anlagen fördern, und uns auf wunderbare
Weise anregen. Es liegt eine Kraft in der Liebe, eines anderen
Geschick besser zu ahnen, als der andere kann, und ihn durch helden-
hafte Ermutigung bei seiner Aufgabe zu stützen. Das Außerordent-
liche in der Freundschaft ist eben die erhabene Anziehung alles
Tugendhaften in uns. Wir werden niemals mehr gering von uns
oder dem Leben denken.[1]) Wir sind zu einem Ziel angespornt,
und der Fleiß der Erdarbeiter auf der Eisenbahn wird uns nicht
wieder beschämen [2])

Hierunter fällt auch jene, wie ich denke, ganz reine Hul-
digung, die alle Stande dem Helden des Tages darbringen von
Coriolan und Gracchus bis zu Pitt, Lafayette, Wellington,
Webster, Lamartine. Hört das Freudengeschrei auf der Straße!
Die Leute können ihn nicht gut genug sehen. Sie freuen sich
an dem Menschen. Das ist ein Kopf und ein Körper! Welche Stirn,
welche Augen! Schultern wie die des Atlas und die ganze Haltung
heldenhaft, mit gleicher innerer Kraft, die große Maschine zu lenken [3])
Diese Freude an dem Ausdruck des Vollkommenen im Gegensatz
zu dem, das nach unserer eigenen Erfahrung gewöhnlich eingeengt
und behindert ist, ist auch viel lebhafter und ist das Geheimnis der
Freude des Lesers am literarischen Genie. Nichts wird zurückgehalten.
Es ist genug Feuer da, das Erz eines Berges zu schmelzen. Shakespeares Hauptverdienst kann in die Worte gefaßt werden, daß er

---

1)			Dein Edelsinn hat mich gelehrt,
			Wie die Verzweiflung ich niederrang;
			Meinen verborgnen Lebensquell
			Macht deine Freundschaft frisch und blank.

2) Auf seinen Nachmittagsspaziergängen durch die Wälder sah
Emerson zur Zeit, als er dies Buch schrieb, voller Achtung das
beispiellose Tagewerk der neu angekommenen Irländer auf der damals im Bau begriffenen Fitchburg-Eisenbahn.

3) Dieses Einleitungskapitel zu den Representative Men kann
man mit Carlyles zehn Jahre früher erschienenen Heroes and Hero-
worship vergleichen In Emersons Essay über Aristokratie finden sich
mehrere ähnliche Stellen, die mit der Bewunderung für „Menschen"
sympathisieren, die der Bevölkerung unvergleichlich überlegen sind
in einer Art, die der Bevölkerung angenehm ist, ihr den Weg, den sie
gehen soll, zeigen, für sie das tun, was sie getan wunscht und nicht
tun kann; — „der Dolch verborgen unter Gaze und Spitzen, unter
Blumen und Flittern."

von allen Menschen die englische Sprache am besten versteht und sagen kann, was er will. Aber diese nicht verstopften Kanäle und Schleusen des Ausdruckes sind nur Gesundheit oder glückliche Anlage. Shakespeares Name weist auf andere und rein geistige Wohltaten hin.

Senate und Herrscher können mit ihren Orden, Schwertern und Wappenschildern nicht solche Ehre erweisen, wie wenn man an ein menschliches Wesen Gedanken von einer gewissen Höhe richtet und sein Verständnis voraussetzt.[1]) Diese Ehre, die im persönlichen Verkehr kaum zweimal im Leben möglich ist, erteilt der Genius ständig, zufrieden wenn ab und zu in einem Jahrhundert das Anerbieten angenommen wird. Das Genie ist der Naturforscher oder Geograph der übersinnlichen Gegenden und zeichnet ihre Landkarte, und dadurch, daß er uns mit neuen Tätigkeitsfeldern bekannt macht, kühlt er unsere Liebe zu den alten ab. Diese werden sogleich als die Wirklichkeit angenommen, von der die Welt, mit der wir Umgang pflegten, der Schein ist.

Goethe oder der Schriftsteller.

Ich habe Bonaparte als den Vertreter des volkstümlichen äußeren Lebens und der Ziele des 19. Jahrhunderts geschildert. Sein Dichter ist Goethe, ein Mann, der in dem Jahrhundert ganz heimisch ist, seine Luft atmet, seine Früchte genießt, der in jeder früheren Zeit unmöglich wäre, und der durch seinen riesigen Anteil den Vorwurf der Schwäche fortnimmt, der,

---

1) Das war seine eigene Regel — niemals andere „niederzuschreien". Als er sich 1834 in Concord niederließ und sein neues Leben als Vortragender und Schriftsteller begann, trug er folgenden Entschluß in sein Tagebuch ein:

„Von nun an beabsichtige ich keine Rede zu halten, kein Gedicht oder Buch zu schreiben, das nicht ganz und ausschließlich mein Werk ist. Ich will in öffentlichen Vorträgen und bei ähnlichen Gelegenheiten Dinge sagen, die ich um ihrer selbst willen durchdacht habe und nicht zum ersten Male mit der Aussicht auf jene Gelegenheit." Und dann: „Höre nicht auf sie zu äußern und sie so frei von allem wertlosen Zeug zu machen, als wenn du zu Weisen und Halbgöttern sprechen solltest, und sei nicht im geringsten beschämt, wenn keiner, ja keiner in der Versammlung ein Zeichen des Einvernehmens geben sollte. Ist sie nicht angenehm für dich — die unerwartete Weisheit? Gefühlstiefe im Mittelstande, Personen, die im dichtesten Gedränge wahre Könige und Männer von Stand sind ohne die Rüstung und Mißgunst des Thrones?"

wäre er nicht gewesen, auf den Geisteswerken der Zeit läge.[1]) Er
erscheint zu einer Zeit, in der sich eine allgemeine Kultur verbreitet
und alle scharfen individuellen Züge verwischt hat; zu der, da
heroische Charaktere fehlen, sozialer Komfort und korporatives Arbeiten
begonnen haben. Es gibt keine Dichter, aber eine Menge poetischer
Schriftsteller, keinen Kolumbus, aber Hunderte von Kapitänen mit
Meridianfernrohren, Barometern, Suppentafeln und Pemmikan
(Fleischkuchen), keinen Demosthenes, keinen Chatham, aber eine
Anzahl kluger Wortführer im Parlament und Gericht; keinen Pro-
pheten oder Heiligen, aber theologische Fakultäten; keinen Gelehrten, aber gelehrte Gesellschaften, eine billige Presse, Lesezimmer
und Bibliotheken (Lesegesellschaften) ohne Zahl. Niemals gab es
eine solche Fülle von Tatsachen. Die Welt breitet sich aus wie der
amerikanische Handel. Wir begreifen es, daß das griechische oder
römische Leben, das Leben im Mittelalter eine einfache und ver-
ständliche Sache ist, daß aber das moderne Leben für eine Vielheit
von Dingen zu halten ist, die uns zerstreut.

Goethe war der Philosoph dieser Vielfältigkeit; hundertarmig,
argusäugig, befähigt und geschickt, mit dieser rollenden Fülle von
Tatsachen und Wissenschaften zu wetteifern und durch seine eigene
Vielseitigkeit mit Leichtigkeit darüber zu verfügen; ein männlicher
Geist, unbeirrt durch die mannigfaltigen Hüllen der Konvention,
mit denen das Leben umgeben war, durch seine Gewandtheit
leicht imstande, sie zu durchdringen und seine Kraft aus der Natur
zu ziehen, mit der er in voller Gemeinschaft lebte.[2]) Was dazu auf-

---

1) Tagebuch 1851. „Goethe ist der Angelpunkt der alten und neuen
Zeit für uns. Er schließt die alte Zeit ab, er eröffnet die neue. Es
tut nichts zur Sache, daß du nach Goethes Tode geboren bist: — wenn
du Goethe oder die Goetheaner nicht gelesen hast, bist du ein alt-
modischer Kauz und gehörst zu den vorsintflutlichen Menschen."

2) Tagebuch 1836. „Goethe der Beobachter. Welche Weisheit!
Welcher Fleiß im Beobachten! Welche Ungeduld in den Worten!
Goethe zu lesen, bedeutet eine Zeitersparnis, denn du wirst kein
Wort finden, das nicht für ein Ding dasteht, und er hat jenen Verstand,
der den Wert der Wahrheit einsieht. Mich reizt nur seine olympische
Selbstgefälligkeit."

Tagebuch 1837. „Charakteristisch für Goethe ist seine Wahl der
Themen. Welcher Blick für das Maß der Dinge! Vielleicht irrt er
sich hinsichtlich Byrons, aber nicht Shakespeares; und in Byron hat er
alle Besonderheiten erfaßt. Papiergeld; Glaubensperioden; Frohsinn
des Dichters; französische Revolution; wie wichtig sind seine Ansichten
über diese alltäglichen Dinge! Welche Fülle von Meinungen und wie
wenige Mißgriffe! Die Schätzung Sternes halte ich für einen Fehler."

fallend ist, er lebte in einer kleinen Stadt, in einem unbedeutenden
Staat, in einem besiegten Staat und zu einer Zeit, als Deutschland
keine so führende Rolle in den Angelegenheiten der Welt spielte,
daß die Brust seiner Söhne hauptstädtischer Stolz schwellen konnte,
sowie er das Herz eines Franzosen, eines Engländers, oder einst
eines Römers oder eines Atheners erfüllt haben mochte. Und doch
findet man keine Spur provinzieller Beschränkung in seiner Dicht=
kunst. Er schuldet seiner Stellung nichts, sondern war mit einem
freien und prüfenden Geiste geboren.

Die Helena oder der zweite Teil des Faust ist eine in Poesie
gesetzte Literaturphilosophie; das Werk eines Mannes, der ein
Meister der Geschichte, Mythologien, Philosophien, Wissenschaften
und Nationalliteraturen war, der in der enzyklopädischen Art, in
der modernen Gelehrsamkeit mit ihrem internationalen Verkehr
der Völker der Welt indische, etruskische und alle kyklopischen Künste,
Geologie, Chemie, Astronomie, und jedes dieser Königreiche durch=
forscht, das wegen der Fülle der Gebiete einen gewissen lustigen
und poetischen Charakter annimmt. Man blickt mit Ehrerbietung
auf einen König; aber wenn man zufällig auf einem Kongreß der
Könige wäre, würde das Auge doch die Eigentümlichkeiten eines
jeden beobachten. Keinen wilden wunderbaren Gesängen, sondern
sein ausgearbeiteten Formen hat der Dichter die Ergebnisse achtzig=
jähriger Beobachtung anvertraut [1] Diese überlegene und kritische
Weisheit macht das Gedicht erst recht zur Blüte dieser Zeit. Es

---

[1] Tagebuch 1851. „Man hört einen Kritiker Goethes Dichtung
verherrlichen und erwidert: Ja, es ist gut, wenn ihr alle einwilligt,
hereinzukommen und zufrieden zu sein; und ihr geratet in eine andere
Gesellschaft und Laune und liebt sie nicht. Ebenso ist es mit
Wordsworth. Aber Shakespeare allein gewährte Gott die Macht,
von der Laune seiner Gesellschaft sich loszumachen. Sie müssen alle
seine Stimmung annehmen. Er ist immer gut; Goethe wußte es
und sagte: Es ist ebenso nutzlos, Tieck mit mir zu vergleichen wie mich
mit Shakespeare."

„Ich sah heute den ersten Teil des Faust durch und fand ihn ein
wenig zu modern und verständlich. Wir können solch Fabrikat in
mehreren Fabriken machen, obgleich etwas minderwertiger (mit
Bezug auf Baileys Festus und Brownings Paracelsus).

Das Wunderbare, die Schönheit, die wir in keiner Fabrik ver=
fertigen, von der wir keine Darstellung geben können, fehlt. Die
heitere strahlende, überfließende Schönheit, deren Geheimnis Shake=
speare, Chaucer gehabt haben." Einige der obigen Auszüge und
Weiteres in bezug auf Faust sind in „Papers from the Dial; Thoughts

datiert sich selbst. Und doch ist er ein Dichter, ein Dichter mit stolzerem Lorbeer als jeder Zeitgenosse, und unter dieser Plage von Mikroskopen (denn er scheint aus jeder Pore in seiner Haut herauszusehen) schlägt er die Harfe mit heldenhafter Kraft und Anmut.

Das Wunder des Buches ist seine überlegene Intelligenz. Dieses Mannes Geist löst Vergangenheit und Gegenwart, ihre Religionen, ihre Politik und ihre Denkart in Urformen und Ideen auf. Welche neuen Mythologien fliegen durch sein Hirn! Die Griechen sagten, Alexander wäre bis zum Chaos gegangen. Goethe ist erst neulich so weit gegangen; er wagte sich sogar einen Schritt weiter vor, und er ist sicher zurückgekommen.

In seiner Spekulation ist eine herzerfreuende Freiheit. Der ungeheure Gesichtskreis leiht Dingen des Alltags, der Konvenienz und des Bedarfs seine Majestät so gut wie feierlichen und festlichen Veranstaltungen. Er war die Seele seines Jahrhunderts. Wenn dieses gelehrt und durch Bevölkerung, feste Organisation und Drill einzelner Teile zu einer großen Forschungsexpedition geworden war, die zu schnell eine Fülle von Tatsachen und Früchten aufhäuft, als daß bis dahin existierende Gelehrte sie hätten klassifizieren können, — dieses Mannes Geist hatte reichlich Raum zur Verteilung aller. Er besaß die Kraft, die getrennten Atome durch ihre eigenen Gesetze wieder zu vereinen. Er hat unser modernes Leben mit Poesie umkleidet. Inmitten kleinlicher Einzelheiten entdeckte er den Genius des Lebens, den alten schlauen Proteus, der dicht neben uns kauert, und zeigte, daß die

---

on Modern Literature" abgedruckt und in dem Bande Natural History of Intellect enthalten.

Über den zweiten Teil des Faust hat er außerdem im Tagebuch des Jahres 1843 geschrieben:

„In Helena ist Faust aufrichtig und stellt den wirklich veredelten, kraftvollen Menschen dar. Ohne Faustens Aufrichtigkeit würde das Buch ein Mischmasch sein. Ich halte den zweiten Teil des Faust für das größte literarische Unternehmen, das seit dem Verlorenen Paradies versucht worden ist."

Tagebuch, 18. August 1832. „Wahr sein. Goethe, sagt man, war es ganz. Die Schwierigkeit wächst mit den Gaben des Individuums. Ein Ackerknecht kann es sein, aber ein Minister, ein Redner, ein geistreicher Denker, wie schwer! George Fox war es. „Was ich in Wahrheit bin", sagte er, „dasselbe bin ich im Leben!" Swedenborg war es. Er sagte: „Man wird finden, daß meine Werke mein zweites Selbst sind." George Washington war es, — der tadellose Washington!"

Langweiligkeit und Prosa, die wir unserer Zeit zuschreiben, nur eine andere Maske von ihm war:

„Selbst seine Flucht ist nur vermummte Gegenwart"[1]

daß er statt der Uniform ein Hauskleid angelegt hatte und in Liverpool oder im Haag ganz ebenso lebhaft oder reich war als einst in Rom oder Antiochien. Er suchte ihn auf den öffentlichen Plätzen und in den Hauptstraßen, auf den Boulevards und in den Hotels; er zeigte, daß in dem festesten Königreich der Routine und der Sinne eine dämonische Kraft lauerte; daß sich in den Handlungen der Routine Fäden der Mythologie und Fabel weiterspinnen, und zwar, indem er der Herkunft jedes Brauches und jeder Gewohnheit, jeder Einrichtung, jedes Gerätes und Werkzeuges nachspürte, bis auf seinen Ursprung in der Struktur des Menschen.[2] Er war äußerst ungeduldig der Vermutung und der Rhetorik gegenüber. „Ich habe genug eigene Vermutungen; wenn ein Mann ein Buch schreibt, soll er nur das zu Papier bringen, was er weiß." Er schreibt im klarsten und einfachsten Ton, läßt sehr viel mehr aus, als er schreibt, und setzt stets ein Ding für ein Wort. Er hat den Unterschied zwischen antikem und modernem Geist, antiker und moderner Kunst erklärt. Er hat die Kunst, ihren Zweck und ihre Gesetze bestimmt. Er hat das Beste gesagt, was je über Natur gesagt worden ist.[3] Er behandelt die Natur wie die alten Philosophen, die sieben Weisen es taten, und mögen wir auch der Einteilung und der Zergliederung, wie sie die Franzosen übten, verlustig gehen, Dichtkunst und Humanität

---

1) Diese Zeile ist wahrscheinlich eine Übersetzung aus einer arabischen oder persischen Quelle, nach der Verbindung, in der sie im Notizbuch erscheint.

2) Tagebuch 1831. „Wie es die beste Anwendung der Geschichte ist, unsere Schätzung der jetzigen Stunde zu erhöhen, so liegt der Wert eines Beobachters wie Goethe, der aus unserem Bewußtseinszustande eine vertraute Tatsache zieht und sie dadurch ruhmvoll macht, daß er sie im Licht dieser (Stunde) zeigt, darin, daß er uns unser ganzes Dasein schätzbar macht, indem er auf seinen unerschöpflichen Reichtum hinweist; denn wir fühlen, daß alle unsere Erfahrung in Juwelen zu verwandeln ist."

3) Tagebuch 1839. „Goethe enthüllt die Fähigkeiten des Künstlers mehr als jeder andere Schriftsteller. Er lehrt uns, alle Gegenstände mit größerer Freiheit behandeln, alle Hindernisse, Zeit, Ort, Name, Brauch überspringen und voll und stark die Tatsache betonen."

Tagebuch 1856. „Wenn Goethe sagt, Natur, Liebe, Wahrheit, Einsicht, so ist das etwas ganz anderes, als wenn irgendein anderer diese Worte gebraucht."

bleiben uns und haben professionelle Geschicklichkeit. Augen sind im ganzen besser als Fernrohre oder Mikroskope. Durch den seltenen Blick für Einheit und Einfachheit in seinem Geist hat er zu vielen Teilen der Natur einen Schlüssel geboten. So regte Goethe den leitenden Gedanken der modernen Botanik an, daß das Blatt oder die Blattknospe die Einheit der Botanik ist, und daß jeder Teil der Pflanze nur ein verwandeltes Blatt ist, das sich einem neuen Zustand anpaßt, und durch Veränderung der Bedingungen kann ein Blatt in ein anderes Organ und jedes andere Organ in ein Blatt verwandelt werden. Ähnlich nahm er in der Knochenlehre an, daß ein Wirbel der Wirbelsäule als Einheit des Skeletts angesehen werden könnte; der Kopf wäre nur der äußerste verwandelte Wirbel. „Die Pflanze geht von Knoten zu Knoten und schließt endlich mit der Blüte und dem Samen. So geht der Bandwurm, die Raupe von Knoten zu Knoten und schließt mit dem Kopf. Der Mensch und die höheren Tiere sind durch die Wirbel aufgebaut, wobei die Kraft im Kopfe konzentriert ist." In der Optik dagegen verwarf er die künstliche Theorie der sieben Farben und hielt dafür, daß jede Farbe das Gemisch von Licht und Dunkelheit in neuen Verhältnissen sei. Es ist wirklich von sehr geringer Bedeutung, über welches Thema er schreibt. Er sieht in jede Lücke hinein und hat ein gewisses Streben nach Wahrheit. Er wird verwirklichen, was du sagst. Er haßt es, wenn er sich mit unnützen Dingen beschäftigen und immer Altweibermärchen sagen muß, die tausend Jahre lang im Glauben der Menschen eine Stellung eingenommen haben. Er kann ebensogut wie ein anderer sehen, ob es wahr ist. Er sichtet es. Ich bin hier, würde er sagen, um das Maß und der Richter dieser Dinge zu sein. Warum sollte ich sie auf Treu und Glauben hinnehmen? Und was er daher von Religion, Leidenschaft, Ehe, Sitten, Eigentum, Papiergeld, Glaubensperioden, Vorbedeutungen, Glück oder sonst auch sagt, darf nicht vergessen werden.

Nehmt das auffallendste Beispiel dieser Neigung, jeden Ausdruck im Volksgebrauch zu prüfen. Der Teufel hatte zu allen Zeiten in der Mythologie eine Rolle gespielt. Goethe wollte kein Wort leiden, das sich nicht mit einem Begriff deckt. Derselbe Gedanke spricht aus dem Wort: „Ich habe niemals von einem Verbrechen gehört, das ich nicht selbst hätte begehen können." So packte er diesen Kobold an der Kehle. Er soll wirklich sein; er soll modern sein; er soll europäisch sein; er soll sich wie ein Gentleman kleiden, gute Manieren annehmen, auf den Straßen spazieren gehen, in das Wiener und

Heidelberger Leben des Jahres 1820 gut eingeweiht sein, oder er soll nicht existieren Deshalb streifte er ihm die mythologische Kleidung, die Hörner, den Pferdefuß, den Harpunenschwanz, den Schwefelgeruch und die blauen Flammen ab, und statt in Bücher und auf Bilder zu schauen, sah er in seinen eigenen Geist, in jeden Schatten von Kälte, Selbstsucht und Unglauben, der im Gewühl oder in der Einsamkeit das menschliche Denken überschattet, und fand, daß das Bild durch alles, was er hinzufügte und durch alles, was er fortnahm, Wirklichkeit und Schrecken gewann. Er fand, daß das innerste Wesen dieses Poltergeistes, der, seitdem es Menschen gab, schattenhaft die menschlichen Wohnungen umkreist hatte, reiner Intellekt war, angewandt im Dienst der Sinne — wozu die Tendenz ja immer vorhanden ist —, und mit seinem Mephistopheles bereicherte er die Literatur um die erste organische Figur, die seit Jahrhunderten hinzugefügt worden, und die so lange wie der Prometheus leben wird.[1]

Ich beabsichtige nicht, eine Analyse seiner zahlreichen Werke zu geben. Sie bestehen aus Übersetzungen, Kritiken, Dramen, lyrischen Gedichten und solchen aller anderen Gattungen, literarischen Tagebüchern und Portraits berühmter Männer. Indes, den Wilhelm Meister eingehend zu behandeln, kann ich nicht unterlassen.

„Wilhelm Meister" ist ein Roman in jedem Sinne, der erste seiner Art, von seinen Bewunderern die einzige Schilderung der modernen Gesellschaft genannt, — als wenn andere Romane, die von Scott z. B., sich mit der Tracht und den äußeren Umständen

---

1) In dem Essay „Historic Notes of Lifes and Letters in New England" spricht Emerson von dem ersten Teil des Faust, der ihm immer zuwider war, folgendermaßen:

„Das Zeitalter der Arithmetik und des Kritizismus hat eingesetzt ... das Zeitalter der Analyse und des Loslösens... In der Literatur ist seine Wirkung in der entschiedenen Tendenz des Kritizismus sichtbar. In dem bemerkenswertesten literarischen Werk des Jahrhunderts sehen wir gerade am Helden und Thema dies Nachinnengekehrtsein: ich meine den Faust."

Und dann sagt er in „The Man of Letters" in demselben Band: „Unsere tiefste Philosophie ist (wenn das nicht ein Widerspruch in Worten wäre) Skeptizismus. Die große Dichtung des Jahrhunderts ist die unangenehme Dichtung von Faust, von dem Baileys Festus und Brownings Paracelsus englische Variationen sind."

„Goethe, der überragende Intellekt der modernen Zeit, erfaßt das Übersinnliche, ist aber nicht übersinnlich."

befaßten, dieſer mit dem Geiſt des Lebens. Es iſt ein Buch, über
das noch ein Schleier gezogen iſt. Von ſehr klugen Menſchen wird
es mit Bewunderung und Entzücken. geleſen. Einige von ihnen
ziehen es dem Hamlet vor, als ein Werk des Genies. Ich glaube,
kein Buch dieſes Jahrhunderts kann ſich mit ihm in ſeiner köſtlichen
Anmut vergleichen, ſo neu, ſo anregend iſt es für den Geiſt, mit ſo
vielen und ſo gehaltvollen Gedanken, mit richtigen Einſichten in
Leben, Sitten und Charakter beſchenkt es ihn, mit ſo vielen guten
Winken für die Lebensführung, ſo vielen unerwarteten Blicken in
eine höhere Sphäre, und nirgends eine Spur von Rhetorik oder
Langweiligkeit. Ein ſehr anregendes Buch für die Wißbegierde
junger, geiſtreicher Menſchen, aber ein ſehr unbefriedigendes. Lieb=
haber leichter Lektüre, die eine Unterhaltung darin ſuchen, wie ſie
ſie in einem Roman finden, werden enttäuſcht. Andrerſeits haben
auch jene, die es mit der höheren Hoffnung beginnen, darin eine
wahre Geſchichte eines Genies zu leſen und die gerechte Zuerken=
nung des Lorbeers für ſeine Mühen und Entſagungen, Grund ſich
zu beklagen. Wir hatten hier vor nicht langer Zeit einen engliſchen
Roman, der angeblich die Hoffnung eines neuen Zeitalters ver=
körpern und die politiſche Hoffnung der „Jung=England“ genannten
Partei entfalten ſollte, — in dem die einzige Belohnung der Tugend
ein Sitz im Parlament und die Pairswürde iſt. Goethes Roman
hat einen ebenſo lahmen und unmoraliſchen Schluß. George Sand
hat in Conſuelo und ſeiner Fortſetzung ein treueres und würdigeres
Gemälde gezeichnet. Im Fortgang der Geſchichte entfalten
ſich die Charaktere des Helden und der Heldin dergeſtalt, daß der
porzellanene Schachtiſch der ariſtokratiſchen Konvention erzittert;
ſie verlaſſen die Geſellſchaft und die Gewohnheiten ihres Standes,
ſie verlieren ihren Reichtum, ſie werden die Diener großer Ideen
und der edelmütigſten ſozialen Ziele, bis endlich der Held, der der
Mittelpunkt und die Quelle einer Vereinigung iſt, die die edelſten
Wohltaten dem menſchlichen Geſchlecht erweiſen ſoll, nicht mehr
auf ſeinen eigenen adligen Namen antwortet; er klingt fremd und
fern in ſeinem Ohr. „Ich bin nur Menſch“, ſagt er; „ich atme und
arbeite für die Menſchheit“; und dieſes in Armut und mit den äußer=
ſten Opfern.[1] Goethes Held dagegen hat ſo viele Schwächen und
Unlauterkeiten und befindet ſich in ſo ſchlechter Geſellſchaft, daß

---

1) Unter den wenigen Romanen, die Emerſon las, lobte er immer
Conſuelo.

das ernste englische Publikum einen Ekel davor empfand, als das
Buch übersetzt wurde. Und doch ist es so voller Weisheit, Welt-
kenntnis und Rechtskenntnis; die Personen sind so wahr und fein
und mit so wenigen Strichen gezeichnet, und nicht ein Wort zuviel,
— das Buch bleibt immer so neu und unausgeschöpft, daß wir es
ruhig seinen Weg gehen lassen und gewillt sein müssen, so viel Gutes,
wie wir können, daraus zu ziehen, überzeugt, daß es erst seine Aufgabe begonnen und noch Millionen Lesern zu dienen hat.

Der Inhalt ist der Übergang eines Demokraten zur Aristokratie,
beide Worte in ihrer besten Bedeutung gebraucht. Und dieser Übergang geschieht nicht auf einem gemeinen oder Schleichwege, sondern
durch die Flurtür. Natur und Charakter helfen, und der Stand
bewahrt sich durch das Verständnis und die Aufrichtigkeit bei den
Adligen. Kein großmütiger Jüngling kann sich diesem Wirklich-
keitszauber in dem Buche entziehen, so daß es für den Intellekt
und das Herz sehr anregend wirkt.[1]

Der feurige und fromme Novalis charakterisierte das Buch als
„durchaus modern und prosaisch; die Romantik in ihm ist voll-
ständig beseitigt, ebenso die Naturpoesie, das Wunder. Das Buch
handelt nur von den gewöhnlichen Angelegenheiten der Menschen,
es ist eine poetisierte bürgerliche und häusliche Geschichte. Das

---

1) Ein Verdienst im Wilhelm Meister ist nach dem Tagebuch
folgendes: „Goethe hatte sicherlich gute Gedanken über das Thema
der weiblichen Kultur. Wie ehrerbietig gegen die Frau und wie hoff-
nungsvoll sind die Portraits in Wilhelm Meister!"

In den „Thoughts on Modern Literature" wird das Buch ziemlich
eingehend betrachtet. In seinem Realismus findet Emerson so viel
nach seinem Geschmack, daß aus Fehlern und Mißlingen schließlich
Gutes herauskommt, eine Kraft,

die schmiedend durch schwärzliche Angriffswaffen
den silbernen Sitz der Unschuld geschaffen.

Aber er bedauert, daß ein Geist wie Goethe die Wirklichkeit malt,
und nicht der Dichter des Idealen ist, „der Dichter der Beschränkung,
nicht der Möglichkeit; dieser Welt, nicht der Religion und Hoffnung;
kurz, wenn wir so sagen können, der Dichter der Prosa, nicht der
Poesie. Er nimmt die gemeine Lehre des Schicksals an und sucht
die einzelne Freude, die von seinem Bann noch frei bleiben kann,
heraus". Ihm fehlt „der moralische Sinn im Verhältnis zu seinen
Kräften ... die Haupttatsache der Gesundheit oder Krankheit ... im
hohen Sinne war er kein Schöpfer, und mit göttlichen Gaben fällt
er durch eine unwiderrufliche Vorschrift in die gewöhnliche Geschichte
des Genius".

Wunderbare darin ist ausdrücklich als Phantasie und enthusiastischer Traum behandelt!" — und doch, was auch charakteristisch ist, Novalis kehrte bald zu diesem Buch zurück, und es blieb bis zu seinem Lebensende seine Lieblingslektüre.

Was Goethe in den Augen französischer und englischer Leser auszeichnet, ist eine Eigenschaft, die er mit seinem Volke teilt, eine zur Gewohnheit gewordene Beziehung zur inneren Wahrheit. In England und Amerika schätzt man das Talent sehr; und wenn es zur Unterstützung eines bestimmten oder absichtlichen Interesses oder einer Partei oder im regelmäßigen Gegensatz dazu ausgeübt wird, so ist das Publikum befriedigt. In Frankreich empfindet man sogar noch größere Freude an bloßen Geistesfunken um ihrer selbst willen. Und in allen diesen Ländern schreiben Männer von Talent nur aus dem Talent heraus. Es genügt, wenn der Verstand beschäftigt, der Geschmack befriedigt ist, — so viele Spalten, so viele Stunden auf heitere und anständige Art verbracht sind. Dem deutschen Geist fehlt die französische Lebhaftigkeit, das feine praktische Verständnis des englischen und die amerikanische Abenteuerlichkeit; aber er hat eine gewisse Ehrlichkeit, die sich niemals mit einer oberflächlichen Leistung beruhigt, sondern ständig fragt: Wozu? Das deutsche Publikum verlangt Aufrichtigkeit. Hier sind Gedanken in Bewegung, aber zu welchem Zweck? Was will der Mann sagen? Woher, woher alle diese Gedanken?[1])

1) Tagebuch 1844. „Goethe mit seiner außerordentlichen Breite der Erfahrung und Kultur, der Sicherheit, mit der er wie ein bedeutender Gentleman unparteiisch alle Literatur der Berge, Provinzen und Meere überblickt und sich das Beste in allen zunutze macht, bildete einen Gegensatz zu der Kraft der Engländer, dem Hochmut und der Redseligkeit der Franzosen. Bewunderungswürdig ist sein vollendeter Geschmack, die Leichtigkeit seines Stils. „Es ist entzückend, unsere eigenen Gedanken bei einem so großen Manne zu finden."

Anmerkung des Herausgebers.

Die Übersetzungen der Auszüge aus den Werken von Lincoln und Emerson sin nach folgenden Ausgaben gemacht worden:
1. The Works of Abraham Lincoln. ed. by A Brooks Lapsley. With an introduction by Th. Roosevelt. New York 1906. Federal Edition.
2. Centenary Edition. Complete Works of Ralph Waldo Emerson. With a biograph. introd. and notes by Edward Waldo Emerson. London 1903/4.

Druck von B. G. Teubner in Dresden

CPSIA information can be obtained
at www.ICGtesting.com
Printed in the USA
BVHW041616080419
544933BV00009B/40/P